Koloriertes Gesamtbild
von Martin Engelbrecht
um 1750

Greifswald. »Gute Zeit – böse Zeit«.
Kupferstich nach 1715

Ruth Schmekel

Nun ging ich Greifswald zu

Das Bild einer Stadt in fünf Jahrhunderten

Christians Verlag

Einleitung

»Nun ging ich Greifswald zu...« Der kurze Bericht des fahrenden Scholaren Ulrich von Hutten über seinen Aufenthalt im Jahre 1509 in Greifswald (in den Dunkelmännerbriefen) steht wie ein Wegweiser am Anfang der Wanderung durch unsere Vorväterzeit und Heimatlandschaft Greifswald.

Wir beginnen mit Caspar David Friedrich, dem Greifswalder Kind, mit dieser auch dem Ortsfremden bekannten großen und leidenschaftlich stillen Gestalt. Wir wandern am Ryck entlang, diesem schönsten Greifswalder Spaziergang, erinnern uns der Saline, kommen nach Wieck und Eldena mit seinem Buchenhain und der Klosterruine. Vom Kloster aus nahm die Stadt ihren Anfang. Marktplatz und Kirchen, Tore, Mauern und Wälle erzählen von Kriegen und friedlichen Zeiten. Dann der kleine Bahnhof, der die Heimweh- und Fernwehkranken mit der Welt verbindet. Welt, das ist für den Greifswalder mit drei Worten gesagt: Hanse, Universität, Schweden. Nachdem wir bei einigen besonderen Bauten und Einrichtungen stehengeblieben waren, gehen wir wieder zurück in die Zeiten der Gründung und des Wachsens der kleinen Alma Mater. Auch zurück in die Zeit unserer zweihundertjährigen politischen Zugehörigkeit zu Schweden. Bis in die jüngste Vergangenheit hinein haben diese Elemente am Bild und Wesen der Stadt geformt.

Mit ein paar »ollen Kamellen« (Fritz Reuters Wort) und mit einer liebevollen Hinwendung zu den Kleinen und Namenlosen kommt die Wanderung an ihr Ende. Und wie wir mit dem einen Großen begonnen haben, so lassen wir uns nach einem tiefen Atemholen durch die weit hinausklingenden Namen einiger Großer wieder hinausführen, jeder an seinen Platz in der »weiten Welt«.

Ruth Schmekel

Es ist für mich eine große Freude, daß dieses Buch erscheint.
Meine Heimatstadt Greifswald bedeutet mir viel!

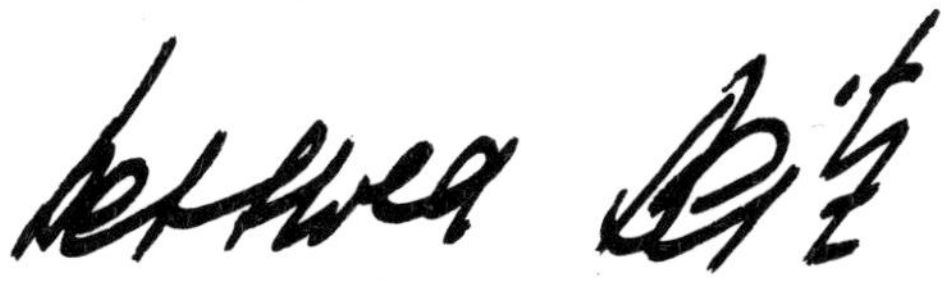

Berthold Beitz

Vorwort

Dieses allen alten Greifswaldern und den vielen Freunden der alten Universitätsstadt am Ryck gewidmete Buch ist das Lebenswerk einer geborenen Greifswalderin. Ruth Schmekel, die nach ihrem Abitur studiert und dann die Bibliothekarslaufbahn gewählt hat, ist ihre lange berufliche Laufbahn hindurch an der Universitätsbibliothek Greifswald gewesen und hat sich dort bleibende Verdienste erworben.
Ruth Schmekel kennt ihre Heimatstadt und ihre Heimat wie kaum ein anderer und hat sich schon in jungen Jahren lebhaft für deren wechselhafte Geschichte interessiert. Wie sich eine Stadt zeigte und wie man in ihr lebte, läßt sich wohl am besten aus historischen Bezeugungen erkennen, aus den Veröffentlichungen, in denen Einheimische oder Gäste ihre Eindrücke vom Leben und Treiben am Ort, von den Menschen und von der Landschaft festgehalten haben. Deshalb begann Ruth Schmekel schon früh, die Zeugnisse prominenter und unbekannterer Persönlichkeiten über ihre Heimatstadt aufzuspüren und zu sammeln. Diese Sammeltätigkeit hat sie Jahre hindurch, auch nach der Übersiedelung in Hamburg, fortgesetzt und so ein Quellenwerk historischen Gehalts zusammengestellt, das seinesgleichen suchen kann.
Dem verständlichen Wunsch, diese wertvollen historischen Dokumente in die Hände der Freunde Greifswalds zu legen, haben sich große Schwierigkeiten in den Weg gestellt. Durch eine großzügige Spende und die Unterstützung von ungenannten Organisationen und Freunden ist nun endlich die Veröffentlichung dieses Buches möglich geworden, das allerdings nur eine Auswahl aus dem umfangreichen Material bieten kann. Ich bin überzeugt, daß es zu einem großen Erfolg weit über den Kreis ehemaliger Greifswalder und Freunde Greifswalds hinaus werden wird, zumal es zur Illustrierung der Texte durch eine Fülle von eindrucksvollen und weithin noch ganz unbekannten Bildern aufgelockert ist.
Das Buch ist ein historisches Werk besonderer Art. Es eignet sich sowohl zum genußvollen Durchblättern wie zu gründlichem Studieren der wechselvollen Stadtgeschichte. Es ist ein Heimatbuch, wie es wenige Städte aufweisen können. Ich wünsche dem Buch Glück auf den Weg und allen Freunden Greifswalds viel bleibende Freude an ihm.

Dr. Ernst Zunker

Wiesen bei Greifswald, Ölbild von C. D. Friedrich um 1820

Selbstbildnis von Caspar David Friedrich.
Kreide, um 1810

Caspar David Friedrich

Greifswald, dessen liebliche Silhouette sein großer Sohn Caspar David Friedrich mit meisterlicher Kunst weltberühmt gemacht hatte, sollte nun das gleiche grausame Schicksal erleiden ...

Rudolf Petershagen, 1945

Geburtshaus von C. D. Friedrich Hintenansicht, vom Nikolaikirchplatz. Bleistiftzeichnung von Gustav Berlin, 1844

Blick aus der Laube auf die Nikolaikirche. »In Bruder Adolfs Garten« Bleistiftzeichnung von C. D. Friedrich, 1818

Geburtshaus von C. D. Friedrich. Vorderansicht. Federzeichnung von Adolf Kreutzfeldt, um 1910

Blitz und Donner drohten der Stadt, zogen gegen die berühmte Silhouette des romantischen Malers, da waren die spielenden Fohlen auf der Weide, die einsamen Männer, die traurig den Mond betrachten, die im Hafen ruhenden schlafenden Boote mit ihren Masten zu Afrikas Küsten in Knabenträumen, die Türme und Dächer von St. Nikolai, St. Jakobi und St. Marie drückten schwer
Ich haßte die Stadt hinter den Wiesen, die berühmte Silhouette, die der Maler gemalt hatte ...

Wolfgang Koeppen, 1976

Abends Ball auf der Resource, wohin ich erst halb 9 Uhr ging; vorher war ich bei Schildner, wo ich Quistorp traf; wir lasen Briefe von Runge in Hamburg und Friedrichs in Dresden, und sahen einige angelangte Kupferstiche.

Theodor Ziemssen, 1805

Marktplatz von Greifswald. Aquarell, Feder, von C. D. Friedrich um 1818

Auch trafen wir hier auf einen dritten Friedrich, ebenfalls ehrsamer Bürger der Stadt, aber Seifensiedermeister. Er ähnelte in langer hagerer Gestalt dem Maler am meisten, war dagegen vielleicht geistig von ihm am verschiedensten.

Der zweite Friedrich ist Johann Samuel (Hans), Schmiedemeister in Neubrandenburg. Carus hatte ihn auf der Herreise besucht. Der dritte Friedrich ist Johann Heinrich, der Seifensiedermeister, wohnhaft am Markt. Von dessen Haus aus hat Caspar David das Marktbild gezeichnet.

Carl Gustav Carus, 1819

Bei dem Seifenfabrikant Friedrich sahen wir eine schöne Zeichnung der Apotheke, deren Verfertiger der Professor Friedrich in Dresden war...

Auf dem Marktbild von Caspar David Friedrich (1818) ist noch der alte Giebel vorhanden. – Die Brüder Heinrich, der Lichtgießer und Seifensieder (vom Rücken her gesehen, mit vorgebundener Schürze aus seinem Laden tretend). Rechts von ihm der älteste Bruder Adolf, im Rock, mit Peitsche; er ist im Wagen vorgefahren. (Seine Wohnung war das Stammhaus in der Langenstraße. Links von Heinrich der Bruder Christian, im Gehrock und Zylinder, mit Zollstock in der Hand. Er war Altermann der Tischler. – Außerdem der Schwager Praefke, die Frauen und Kinder der Brüder.

Johann Friedrich Rossmäsler, 1837

Wiecker Strand bei Greifswald mit Segler. Federzeichnung von C. D. Friedrich, um 1815

Rechte Seite:
Greifswalder Hafen. Ölbild von C. D. Friedrich, um 1818/1820

Steinbecker Brücke, Hafen in Greifswald, Tor und Segelschiffe. Bleistiftzeichnung von C.D. Friedrich, 1815

Fischer am Ufer mit Fanggeräten. »Flunder Zeise«. Zeichnung von C.D. Friedrich, 1818

Greifswald im Mondschein. Ölbild von C.D. Friedrich, um 1816

Ich entsinne mich noch sehr genau, wie Vater dort (bei der Familie Siemssen, entfernten Verwandten der Familie C. D. Friedrichs) in dem Nachlaß auf dem Boden einen Holzstock entdeckte, der wahrscheinlich von C. D. Friedrich gezeichnet und wohl von seinem Bruder, dem Tischler Johann Christian Friedrich, geschnitten worden war. Vater druckte den Stock und sandte je ein Blatt an das Graphische Kabinett in Dresden, Hamburg und an die Nationalgalerie in Berlin ... Aufregende Tage kamen, als Museumsdirektoren von Leipzig und dem Volkwang-Museum auftauchten, um für ihre Städte Originalbilder des großen deutschen Romantikers zu erwerben. Die Greifswalder Stadtkasse war zu dem Zeitpunkt leer. So ging das schöne kleine Bild »Morgenlicht« mit der feinen Frauen-Rückenfigur im Anblick der über dem Gebirge aufgehenden Sonne damals nach Essen in das Volkwang-Museum. Dafür gelang es 1934, das Ölbild »Ruine Eldena im Riesengebirge« als bedeutendste Neuerwerbung dem Besitz des Greifswalder Museums einzufügen ...

Hans Jürgen Kreutzfeldt, 1969

Bruder Heinrich. Holzschnitt nach Zeichnung von C. D. Friedrich, geschnitten vom Bruder Christian.

Landschaft um Greifswald

... Aus einem alten Lied klingt es stolz und rühmend:
Gripswolt, du bist erenrik,
gar selten vintme dyn gelik!
Aber frostig, schwermütig und – wahrheitstreu aus den weit jüngeren allbekannten Versen:
Und in Greifswald
weht der Wind so kalt!
Der Wind von Gryps weht – das nimmt dem Reim den herben Sinn – wie über Land, auch über See, und die Meeresnähe, die Küstenlage, das weite Wasser mit dem freien Ufergelände und dem malerischen Licht der baltischen Strandluft ist die einzige, aber auch ihm allein eigene, landschaftliche Zugkraft des alten und neuen Gryps gewesen und geblieben.

Gustav Thurau, 1910

... hier (in Greifswald), wenn ich nun endlich einmal, der freyern Luft und des offnen Feldes bedürftig, dem Steinpflaster entronnen bin, und der Vorstädte letzte Mauern im Rücken habe, dehnt sich um mich aus eine weite, meilenbreite, mit der

Greifswald von Norden.
Farbige Zeichnung von
Anton Heinrich Gladrow, o. J.

Wasserwage gleichsam abgewogene Fläche; da ist nicht Busch noch Wald, nicht Berg noch Thal noch Anhöhe; und was noch jüngst etwa ungleich und höckrig gewesen um uns her, haben sie eben itzt auf das allerfleißigste nach dem Lothe ausgeglichen und abgeplattet.

Ludwig Gotthard (Theobul) Kosegarten, 1816

Greifswald von Norden. Aquarell von Johann Martin Giehr, nach 1845

Ausgeruht und gestärkt rollte ich als rosenrote Caroline über das grüne Billardtuch der unabsehbaren Ebene von Schwedisch-Pommern. Es gibt vielleicht in ganz Deutschland keine absolutere Ebene, wie diese Gegend; denn die Ausnahme des berühmten Epistelberges bei Greifswald, der sich wirklich neun Fuß über der Meeresfläche erheben soll, wüßte ich keinen namhaften Gebirgsstock anzuführen ...

Fritz Reuter, 1830

Landschaftlich machten wir aus der reizlosen Gegend, was zu machen war. Im Sommer wurde im Bodden gebadet und von Wasserkundigen gesegelt, im Winter Schlittschuh gelaufen.

Johannes Warneck, 1887

Freilich bietet sich die Natur und ihre Schönheit nicht wie bei vielen südlichen Universitäten ... gleichsam auf dem Präsentierteller dar, sondern sie muß aufgesucht werden, und damals hatte man noch nicht »geistig sehen« gelernt, man vermochte noch nicht die eigenartige Schönheit der nordischen Tiefebene zu würdigen. Wie oft habe ich klagen gehört: »Ach Gott, diese ewige, flache Landschaft, in die höchstens eine lächerliche Windmühle etwas Abwechslung bringt! Diese ewigen, grünen Wiesen mit den schwarzweißen Kühen! Das alles ist doch zu langweilig! Das einzig Gute von Pommern ist, daß es an der Ostsee aufhört!«
Das war damals tatsächlich die allgemeine Ansicht, und erst das Einsetzen der Heimatbewegung zu Beginn dieses Jahrhunderts hat hier eine völlige Umwälzung der Anschauungen hervorgerufen ...

Otto Walter, 1894

Bald im Dampfer, bald im Wagen oder zu Fuß, haben wir die schönsten Teile der Insel Rügen besucht, die Seebäder der pommerschen Küste und die Umgebung von Greifswald, die einen Überfluß an Wäldern aufweist. Ach, die schönen Ausflüge! Man genoß das Meer, den Wald, die Sonne, die Plaudereien mit unterrichteten und klugen Mitstudenten. Und man hatte sich mit nichts sonst zu befassen ...
Am Abend, wenn wir uns auf unserem Schiff mehr und mehr den Lichtern von Wieck und Eldena, zwei kleinen Dörfern an der Mündung des Ryck, näherten, wenn das Herz überfloß von Freude, dann begannen wir alle zu singen: »Ich weiß nicht, was soll es bedeuten, daß ich so traurig bin«, was, wie jedermann weiß, den höchsten Grad der Freude bei den Deutschen anzeigt ...

Jean Pierre Rousselot, 1894

und kehrt im Schiff zurück, durch die Wiesen, die sich unabsehbar ringsum breiten und unter dem grauen Himmel, der niemals so unermeßlich und gewichtig erscheint wie im Flachland in Pommern – während die untergehende Sonne das strömende Wasser des Ryck flammend rot färbt.

Jean Pierre Rousselot, 1894

War man landeinwärts gewandert, über Güter hin, die so heimelige Namen trugen wie Heiligengeisthof oder Immenhorst, so stand ihre Silhouette mit den drei höchst ungleichen Türmen von Nikolaus, Jakob und Marie in den blaßblauen Himmel geschnitten, wie C. D. Friedrich sie gemalt hat, und im Juni ward es ja auch hier schon nicht mehr wirklich Nacht, blieb eine zarte Dämmerung das Licht, das von dem Abend in den Morgen hinüberleitete...

Willi Hellpach, 1895

...(wie bei C. D. Friedrich). So, in Luft und Dunst ist man ja gewöhnt, sich die Anwohner der Wasserkanten vorzustellen. Freilich, so ähnlich habe ich Greifswald auch manches Mal gesehen. Manchmal im Nebel, manchmal im Höhenrauch, der mit braunem Gespinst die Sonne verdunkelte und sich schwer über das Land legte. Aber nicht dieses Bild hat sich mir in die Seele gegraben. Ein ganz anderes! Blaßblauer Himmel überm tiefblauen Bodden, hellblau hinten die Wand von Rügen, hier und da und dort terrakottafarbige Segel; ein Streif von lichtgrünem Buchenwald; und scharf wie mit der Schere in den Himmel geschnitten, die 3 Türme. Zwischen ihnen die wellige Linie von alten Baumkronen, rechts und links unermeßliches Land, in das sich die Chausseen wie weißgraue Bänder aufrollen. Grünes Land, zumeist mit glänzenden Rübenblättern bedeckt. Ewig ein leiser, bald an-, bald abschwellender Wind: jetzt bringt er die Kühle des Meeres, dann wieder ein paar üble Gerüche vom Ryck, und nun gar den scharfen Dunst der Räuchereien.
Einen entscheidenden Eindruck empfing ich an einem sonnenlichten und doch frostglitzernden Kaisersgeburtstag, an dem ich einen Eislauf über den damals fest gefrorenen Bodden wagte.
Aber unvergeßlich ist es mir geblieben, wie die Sonne unterging: die riesige Eisfläche rötlich und goldig schimmernd, der hellblaue Winterhimmel und drüben die Küste von Rügen. Zum erstenmal ergriff mich norddeutsche Schönheit.

Willi Hellpach, 1895

Grau in grau liegt es heute über den flachen Ufern des Ryckflusses. Oben am Himmel jagt zerflattertes Regengewölk, aus dem von Zeit zu Zeit ein klarer, feiner Tropfenschauer auf uns herabsprüht, und unten über den Wiesen und auf den Wellen des trägen Flusses braut der Morgennebel und ballt sich um den Kiel unsers Dampfers »Rügen« zusammen. Bald sind hinter uns die Türme der alten Hanse- und Universitätsstadt Greifswald versunken, und vor uns im Osten, wo bei heiterem, klarem Wetter über den grünen Wellen des Greifswalder Boddens die südöstlichen Vorgebirge der Insel Rügen in bläulichen Conturen sich erheben, da wogt es durcheinander von Nebelmassen. Wolke türmt sich auf Wolke, man könnte glauben, ein wild zerklüftetes, vegetationsloses Gebirge liegt da vor uns, wenn die Wände sich nicht fortwährend veränderten, bald sich ineinanderschöben, bald durch einen Windstoß auseinander gerissen würden. – Wir werden heute jedenfalls eine etwas stürmische Fahrt bekommen ...

Wilhelm Bruchmüller, 1899

Das Meer ist hier gar nicht schön, flach, eingeschlossen, teilweise sogar wie unsere Moräste mit Schilf verwachsen. Prachtvoll sind aber die Buchenwälder, und so radle ich immer landeinwärts ...

Margarethe v. Wrangell, 1903

Greifswald von Süden. Lithographie von Robert Geissler, 1869

... wenn wir am frühen Morgen durch die taunassen Wiesen bei Greifswald gingen, die C. D. Friedrich so groß und so weit gemalt hat und die in meiner Kindheit noch so unberührt waren, wie er sie sah, kamen wir, wenn wir durch viele Koppelzäune geklettert waren, hinter denen Kühe und Pferde uns oft nachliefen und an den Taschen zupften, an den Ryck. Hier war der Fluß noch ganz ursprünglich. Anmutig schlängelte er sich durch die Wiesen. Bullerbesen und die wilden gelben Wasserlilien wuchsen hier, und die großen Libellen schossen in der Sommerluft von Ufer zu Ufer. Wir gingen durch das Wasser und nahmen das erste erfrischende Morgenbad. Jenseits des Wassers begannen die Wälder von Wackerow. Ein wilder Wald! ... Wenn man zur Himbeerzeit aus den dunklen, tiefen Schatten dieses Waldes ins Freie trat, sah man über die große Weite der Felder, die ganz einsam lagen, über die noch keine Sense klang. Man sah in das große Licht, durch das der Wind wehte, der einen leisen Geruch vom Meer brachte, von Salzschaum und gärendem Tang.

Karl Pietschmann, 1904

Greifswald von Osten. Lithographie von Carl August Menzel, um 1836

An Pfingsten verlockte er mich zu der nordischen Backsteingotik, die in Berlin noch nicht an die Reihe gekommen war: Stralsund, Greifswald, eine Wanderung nach Eldena gaben dann den Blick über die Ostsee. Ich will nicht behaupten, daß sie mir sehr interessant gewesen ist.

Theodor Heuss, 1904

Und mit dem Mai war auch bei uns alles verwandelt... Wir wohnten vor der Stadt, schauten von der Veranda des zweiten Stocks weit in die Ferne über das »Tief« hinweg, einen schilfumwachsenen Moorsee, das Fischerdorf Wieck und den dunklen Streifen des Hain-Buchenwaldes. Rügendampfer mit leuchtenden Perlenketten von elektrischer Illumination zogen im Sommer Abend für Abend den »Ryck« herauf. Musik und Gesang schallten herüber...

Adolf Kreutzfeldt, 1910

Ein Gemälde von Caspar David Friedrich, standen schwer aus Wiesen und Moor die Mauern und Giebel der Stadt in der diesigen Luft, Natur und Menschenwerk eine feste, unzerstörbare Gemeinschaft. Das war nicht mehr Vergehen und Trauer, sondern Bestand und Kraft. Es kamen Tage und Nächte, in denen der Sturm brauste und brüllte... es kamen Tage: Stahlgrau wölbte sich der Himmel über der Erde, eine

Greifswald von Nordosten. Stahlstich von Bernhard Peters, gestochen von H. Winkles, 1847

frische Brise reinigte von der See her die Luft, und ringsum klapperten lustig die Mühlen. Nirgends Weichlichkeit, überall frohe Kraft...

Theodor Malade, 1910

Grün ist das ebene Land, das um Greifswald sich breitet, schwarz-weiße Rinderherden schreiten gravitätisch durch die grüne, noch ganz unherbstliche Einsamkeit; grün ist der kupferne Turm von St. Nikolai, der steil und schlank über das graue Greifswald in den Himmel hinaufsteigt, und grün die fernen Wälder, aus denen die Klosterruine von Eldena herübergrüßt. Das Meer? Irgendwo dahinter liegt es, wo das Land baumlos in den Himmel übergeht, man sieht es nicht, aber man fühlt geheimnisvoll seine Nähe. Und schon das beglückt...

Ludwig Sternaux, 1918

So ein Greifswalder Winter hat es in sich. Nicht daß er durch besonders greuliche Kälte sich unliebsam bemerkbar machte. Aber er dauert so elend lange. Fast ein halbes Jahr lang glich damals die nächste Umgebung von Greifswald, wie mir einmal einer meiner Herren Kollegen durchaus zutreffend sagte, einem Bierfilz: platt, grau, naß. Und zu einem richtigen Frühling kommt es hier nie. Wohl gibt es einmal ein paar warme Tage, daß man wunders denkt, was nun kommen soll, aber die Herrlichkeit dauert nie lange, und vor Mitte Mai ist auf nichts Verlaß, und dann ist es auch gleich Sommer...

Hugo Schulz, 1926

Unvergeßlich sind mir die schönen Ausflüge in Gottes herrliche Natur, sei es, daß wir mit den Serumpferden vor einem gemieteten Kremser in den grünen Hain fuhren, sei es zur Pfingstzeit mit dem Dampfer zur Maienblumenblüte nach Rügen, wo das Auge durch das frische Buchengrün auf das blaue Meer hinausträumte.

Paul Uhlenhuth/Friedrich Loeffler, 1932

Am Ryck

Die Schiffe kommen bis an die Stadt, und zwischen dieser und dem eigentlichen Hafen, der nicht weit davon ist, sah ich ihrer eine ziemliche Anzahl von verschiedener Größe. – Dicht dabey ist ein Salzwerk, das beträchtlich seyn soll. Die Gradierhäuser indessen sind nur klein ...

Karl Gottlob Küttner, 1797

Der Tag in Greifswald verging uns sehr schnell. Am Morgen wurde der Thurm bestiegen, und von da oben begrüßte ich zuerst den weiten blauen Spiegel der Ostsee und athmete von ferne her die erquickende Luft ... Umwandelnd dann in der Stadt gelangten wir an den freilich sehr engen Hafen, und zum erstenmal erfreute mich hier der Mastenwald kleiner Kauffahrer, der malerische Anblick der Krane, der Segelboote, der gehäuften Warenballen und Tonnen, über welchem allem jener eigene aromatische See- und Theergeruch schwebt, den niemand wieder vergißt, der einmal nur eine Seestadt besucht hat.

Carl Gustav Carus, 1819

Ryckschleuse. Aquarell von Anton Heinrich Gladrow o.J.

Von Eldena in kurzer Strecke links liegt die Badeanstalt Wyck, wo die größeren Schiffe von Dänemark, Norwegen und Schweden, überhaupt Ostseefahrer landen; denn Greifswald stößt nicht unmittelbar an die Ostsee, man gelangt zu ihr auf dem Fluß Ryck durch Treckschuyten (lange Fahrzeuge mit großen Cajüten, welche durch Pferde gezogen werden) auf denen sich immer sehr fidele Gesellschaften befinden, die in Wyck neben dem erfrischlichen Bade auch ein gutes Glas Grog loben.

Friedrich Mayer, 1833

Der Rick mit seinem regen Leben und Treiben, seinem Treckschuit Geschwader, seinen Schiffen und Kähnen und seiner dunkelfarbenen und ausgebreiteten Saline im Hintergrunde, und Werfften mit Schiffen vom ersten Range auf dem Kiel (denn alles nimmt in Greifswald einen großartigen Charakter an) bietet ein herrliches Schauspiel dar.

Freundliche Gedanken . . ., 1841

An dem sonst menschenleeren Bollwerke, am östlichen Ende der Stadt Greifswald entwickelt sich dann (nach den Heringsfängen) besonders während der Monate März, April und Mai ein Leben und Treiben, wie man es sonst nur auf Jahrmärkten zu sehen gewohnt ist. Die zuweilen versammelten Heringsboote längs des Ufers, die Räucherhäuser und Salzereien, deren jetzt 8 nebeneinander stehen, mit ihren dampfenden Dächern und fröhlichen Arbeiterinnen im Inneren, die Hundekarren, so wie die mit Pferden bespannten Wagen zwischen den Häusern und Booten, das Herumtragen der zahlreichen Netzsäcke, das Bieten und Handeln seitens der Käufer und Verkäufer, die zum »Kehlen« der Heringe auf grünem Rasen lagernden Knaben und Mädchen, dazwischen auch die große Zahl der herbeigelocktn Spaziergänger, das Alles entwickelt ein ebenso buntes als markiges Leben und bringt Capitalien in Umsatz, die während der Heringssaison oft zu erheblichen Summen heranwachsen. Denn wie die Heringsfischer, so sind auch meistentheils die in schlichter Blouse erscheinenden Bücklingshändler Thüringens und Sachsens associirt. Die Compagnien unterhalten meistens vier Gespanne, die fortwährend zwischen Greifswald und Altenburg (dem Vororte des Bücklingshandels) cursiren und derentwillen der galvanische Strom der Telegraphenlinien gar oft in Thätigkeit versetzt wird, um die nöthigen Winke zu geben; denn bei diesen Geschäften stehen oft Tausende von Thalern auf dem Spiele; in klingender Münze muß Alles baar bezahlt werden, und von keiner Seite wird Kredit gegeben, noch auch verlangt.

Julius Münter, 1863

Den Verkehr hin und zurück auf dem mit reizvollen Wiesen und schmucken Feldern umgebenen Ryckflüßchen vermittelte ein kleiner, hübscher Dampfer, der den leicht zu deutenden Namen »Stopping« führte ...
Was für ein Gefühl der Wonne umfing einen, wenn man früh morgens den Ryck entlang ging bis nach Wieck, wo man den meist fest schlafenden Bootsmann mit dem Anrufe »Holüber« an seine Tätigkeit erinnern mußte. Schon unterwegs wurde in früher Morgenstunde fleißig Dampf gemacht auf die am Rande des Flüßchens aufstehenden Enten, die darüber fliegenden Möven, Wasserläufer, quarrenden Rohrsänger im Schilf, und was weiß ich noch alles, mit einer Selbstverständlichkeit, als gehörte die ganze Welt, soweit der Himmel blau ist, mir.

Alexander König, 1880

Greifswald von Osten. Feder, aquarelliert von C.D. Friedrich, um 1818

Im Hafen von Greifswald ging alles gemütlich und ruhig zu. Wenn auch Ziegelsteine, Kohlen oder Kartoffeln aus- oder eingeladen wurden, wenn auch aus großen mittelalterlichen Getreidespeichern das Korn durch riesige Rohre in die schweren Oderkähne geblasen wurde, von Weltverkehr konnte man keineswegs sprechen. Der Fluß war träge, dunkel und still, und bis zum Meere mußten die Schiffe seinen vielen Windungen folgen. Von den Wiesen sah man die Schiffe nicht, sondern nur die großen Segel oder die Schornsteine mit den Rauchfahnen über Schilf und Rohr schweben. Darüber wanderten die Wolken, uns zu Häupten groß, dann immer kleiner werdend, bis an den geraden Horizont. An den langen Reihen der Boote vorbei, über die verstreuten, niedrigen, tiefgedeckten Fischerhäuser hinweg, durch Schwaden von würzigem Teergeruch hindurch strömte der Seewind. Die Netze flatterten zwischen den Pfahlreihen, die Möwen flogen um den Brückenkopf. In der Ferne überschnitten die weißen Segel der Sportboote, diese Tagfalter unter den Schiffen, die blaue Küstenlinie von Rügen.

Karl Pietschmann, 1904

Auf dem Ryck, dem großen Verbindungsgraben zum Bodden, wurde es lebendig. Kleine Boote glitten dahin oder machten, mit Erzeugnissen der See oder ländlichen

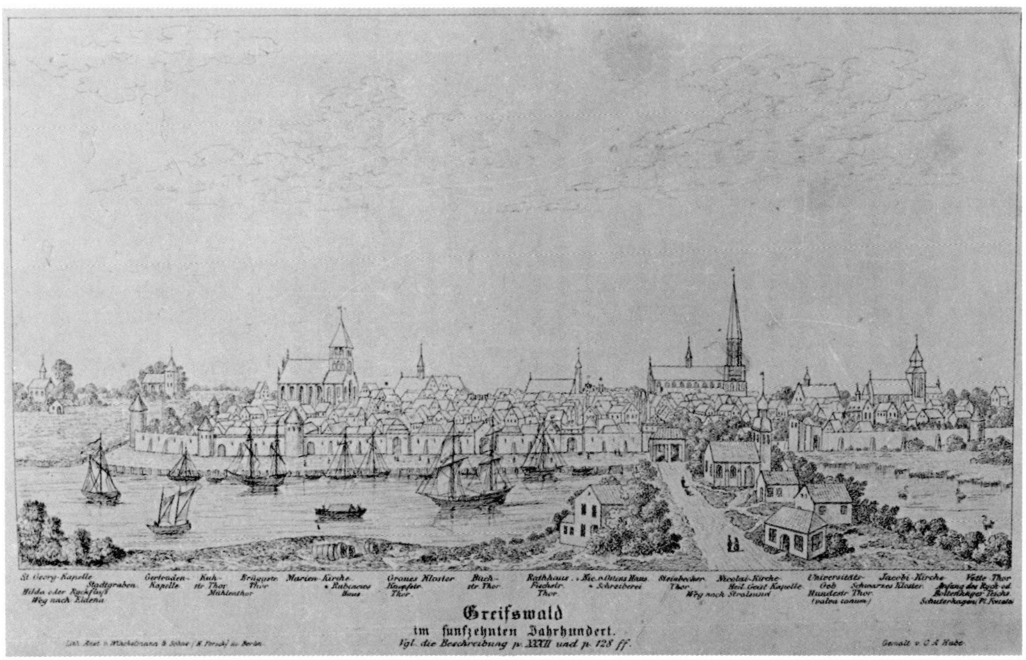

Greifswald von Norden. Rekonstruktionsversuch des mittelalterlichen Stadtbilde
Gemälde von Carl August Hube.
2. Hälfte 19. Jahrhundert.

Fleißes beladen, am Steinbecker Tor fest, ein in See gehender Frachtdampfer brummte laut, die kleinen Passagierdampfer, die halbstündlich den Verkehr nach Wieck und Eldena vermittelten, lösten sich lautlos vom Bollwerk. Alles vollzog sich ohne Eile und sehr gemütlich. Dem Studio, der das Kolleg schwänzend lieber am Strand bummeln oder den Katzenjammer im Bodden ertränken wollte und dem der Dampfer vor der Nase abging, winkte der alte Kapitän zu: »Täuwen S', Herr Dokting!« Ein Kommando: »Taurügg!« Und der erboste Ryck warf unter der rückwärtsschlagenden Schraube ordentlich Wellen. Man kannte sich, man war sich gegenseitig Freund.

Schon früh am Morgen, vor Sonnenaufgang, kamen die Wiecker Fischer mit ihren Booten und brachten den Fang der letzten Nacht zu den Räucherhäusern. Ein schwerer Verdienst! Das ganze Wall Heringe, an die sechzig Stück, kostete damals zehn Pfennige. Der Schläfer wurde geweckt durch langgezogene, unverständliche Laute, die wie eine Art indianischen Kriegsgeheuls anmuteten: »Hoalt Hiering – hoalt Boars – hoalt Flunner!« Das waren die Fischweiber, die ihre Karren durch die Gassen schoben und ihre Ware anpriesen.

Theodor Malade, 1910

Greifswald von Norden. Rekonstruktion eines Bildes aus dem 16. Jahrhundert. Lithographie o.J. (Verlag Sanne, Stettin)

Das wahre Leben und Treiben zeigte sich im Hafen und am Kai erst dann, wenn die Wiecker und Eldenaer Fischerboote eingetroffen waren. Im Sommer, wenn die richtige Zeit für den Heringsfang gekommen war, gab es da viel zu sehen. Bis an den Rand voll mit Heringen gepackt, kamen die Boote an, die Fische wurden mit Schaufeln heraus befördert. Mit einem Gefühl stiller Wehmut gedenkt man heute der schönen Zeit, wo man ein Wall Heringe für 10 Pfennige kaufen konnte. Ein Wall aber sind 80 Stück! War der Heringssegen noch reichlicher ausgefallen, dann wurde bei ärmeren Käufern überhaupt nicht lange gezählt, sondern einfach der mitgebrachte Sack für denselben Preis mit den Fischen bis oben hin gefüllt ... Im Herbst erschienen die Mönchguter in ihrer kleidsamen, an die holländische erinnernde Tracht und brachten Wolle zum Verspinnen herein. Im Frühjahr aber, wenn auf Göhren die Maiblumen blühten, führten die rügenschen Fischer ganze Mengen von Maiglöckchensträußen mit, die viel gekauft wurden. Der diesen lieblichen Waldkindern sonst eigene, feine Geruch hatte aber auf der Seereise, wohl infolge der ungewohnten Umgebung, einen eigenartigen Zug angenommen. Er erinnerte etwas an Fisch. – Die Wiecker und Eldenaer Boote wurden zumeist von Frauen herangeführt, die in der Frühe angekommen tagsüber ihre Ware in der Stadt an den Mann oder die Frau brachten. Abends fuhren sie dann wieder zu den Ihrigen nach Hause. Diese allabendlich sich vollziehende Rückreise war eigentlich eine Sehenswürdigkeit. Zu zwölf und mehr saßen die Frauen auf den Ruderbänken und anderweitigen

Greifswald mit der Ryckschanze. Sepia von Anton Heinrich Gladrow, o. J.

Sitzgelegenheiten hintereinander. Zwei ruderten, die anderen strickten eifrig Strümpfe. Allerdings ging die Reise recht langsam. Aber man hatte ja Zeit.

An einzelnen Tagen kann man die Fluten des Ryckstromes weithin in glühendem Rot leuchten sehen. Es sieht so aus, wie wenn glutflüssiges Eisen aus dem Gießofen herausströmt. Die Sonnenuntergänge in all ihrer wunderbaren Schönheit sind überhaupt für Greifswalds Umgebung etwas Bezeichnendes. Wie manches Wort frohen Erstaunens über die bezaubernde Schönheit des Abendhimmels habe ich schon von fremd Hergekommenen gehört! Frühaufsteher werden sich aber auch im Sommer wohlbelohnt finden, wenn sie morgens vor Sonnenaufgang einmal an den Bodden gehen. Dann liegt der Wasserspiegel da, kalt und hart wie Metall. Und dann das erste Aufleuchten der wiederkommenden Sonne am Horizont und dann die Farbenpracht auf dem Wasser! Jetzt ist alles Leben, jede kleinste Welle glitzert und funkelt, und das Auge sieht sich gar nicht satt an all der Herrlichkeit...

Hugo Schulz, 1926

Steinbecker Brücke, Bleiche, Reeperbahn, Schleuse.
Farbige Zeichnung von Anton Heinrich Gladrow, 1828

Was Greifswald anbetraf, so befand es sich am 13. 5–6 Stunden lang in einer sonst geradezu für unmöglich gehaltenen Wassernoth. Die Schiffsbauplätze büßten ihre gesammten Bauholzvorräthe ein, die Heringshäuser lieferten in ihren Tonnen und Faßdauben, Faßbändern, sowie Holzhöfen des östlichen Theils des am Ryk gelegenen Stadttheils, ihren gesammten Inhalt her, um am Logengarten, am Schießwalle und auf dem Damme der Hafenbahn ein Chaos zu erzeugen, wie es grauenhafter wohl kaum gesehen worden ist. Das kleine eiserne Dampfboot, eine Yacht und Kähne trieben auf den Hafendamm und in die nach Norden nach dem Ryk hinabführenden Parallelstraßen. Die Saline und Steinbecker Vorstadt lagen um 11 Uhr so tief unter dem strömenden Salzwasser, daß...

In den Kanal bei Greifswald hatte der Sturm in der Nacht vom 12. zum 13. das Ostseewasser in so gewaltigen Massen getrieben, daß die Schleusen des Letzteren gesprengt und der vorbeiführende Bahndamm durchbrochen wurde. Hierdurch wurde leider früh am 13. ein Eisenbahnunfall herbeigeführt, über den, wie folgt, berichtet worden: »Es war noch 6 Uhr Morgens, also noch bei völliger Dunkelheit, als der 24 Personen als Passagiere mit sich führende Zug sich langsam und mit aller Vorsicht der Brücke des Rykgrabens näherte. Gleich darauf fühlten die Passagiere einen heftigen Stoß – – – Die Brücke war, während der vordere Theil des Zuges

dieselbe passirte, unter der Last gebrochen, indessen erreichte die Lokomotive mit dem Tender das jenseitige Ufer, während der von dem Tender abgelöste Postwagen in den Fluß hinuntersank ...

Gustav Quade, 1879

Sturmflut 1904.
Postkarten

Es gehört zu meinen frühesten Kindheitserinnerungen, daß mir von dieser Flut erzählt wurde, besonders von meinem Vater, der immer wieder schilderte, wie er am Abend des 12. November von Greifswald kommend, den Heimweg nach Neuenkirchen, wo er Küster und Lehrer war, dem tosenden Orkan entgegen in Wahrheit erkämpft habe. Die Chaussee von Greifswald nach Norden ist mit Kastanienbäumen bestanden, die nur wenige Meter Abstand haben. Er mußte sich in gebückter, halb kriechender Stellung gegen den Sturm anstemmen, von einem Baum zum anderen, jeden Baum umklammernd, um wieder Halt zu finden und Luft schöpfen zu können. Zur Seite gurgelten die Wasser, die von Wiek her schon das ganze Rosental überschwemmt hatten. Endlich erreichte er den »Remel«, bei dem der Landweg nach Neuenkirchen abbiegt. Dort kam er in Windschutz und war gerettet. Als Kind habe ich oft die Flutmarke am Steinbecker Tor mit geheimem Gruseln angesehen.

Arnold Gustavs, 1872

Saline

Item es ist hart vor der stat eine schöne Sültze, da man je so gut saltz aus gesotten hat als zu Lüneburgk, aber man hat sie umb mangels willen des holtzes nicht erhalten können.

Thomas Kantzow, 1538

Die einzige Anstalt, die es gab, war ein Salzwerk, das ein Kaufmann vor einigen Jahren anlegte, wo 26 Tonnen Salz in der Woche gekocht werden...

Die Saline ist i.J. 1206 zum erstenmal urkundlich erwähnt. Apelblads Bemerkung bezieht sich darauf, daß sie 1740 von 2 Brüdern Evert neu angelegt wurde, nachdem sie seit der Sturmflut von 1634 verschlammt und unbrauchbar gewesen war.

Jonas Apelblad, 1757

...daß nahe bey Greifswald am Ryck bey Rosenthal und in dieser Gegend herum, als z. Ex. bey Gristow, fürtrefliche Saltz-Quellen gelegen; ... Eigentlich waren auf dem Landstriche zwischen dem Ryck und der Gristauschen Becke... 3 verschiedene Sülten... die eine gehörte dem Kloster Eldenaw, vermöge der ersten Stiftung, und eben dieselbe ist es vermuthlich, die in der angeführten Urkunde Fürst Wizlaff III. Vetus Sulta, d.i. die alte Sültze genennet wird. Die andere war im Rosenthal, gleich jenseit dem Ryck, und gehörte zu den Domainen des regierenden Fürsten von Rügen. Diese grentzte mit der vorhergehenden alten Sültze, und ward ... im 1288sten J. von eben dem Rügischen Fürsten Witzlav III. der Stadt Greifswald überlassen. Solche scheint damahls die allerwichtigste gewesen zu seyn, weil in bemeldter Urkunde stehet, daß die dazugehörigen Saltzkothen vorlängst dem Ryck bis nach dem Saltzen Meer hinuntergelegen haben. Die dritte, so bey Gristau diesseits der Beck gewesen, gehörte denen allda residirenden appanagirten Fürsten der Barnutischen Linie, unweit den dortigen Grentzen des Klosters Eldenaw... An dem zur Unterhaltung so vieler Saltzsiedereyen benöthigten Holtze kann es zu der Zeit dieser Gegend auch nicht gefehlt haben; denn, nach Aussage der Urkunden, war nicht allein an beiden Seiten der Gristauschen Becke ein an einander hangender Wald, sondern zwischen Wampen und Eldenaw, ja auch im Rosenthal und also fast überall, waren eben dergleichen. Da nun alle 3 Saltzwerke solchergestalt im Gang gehalten werden konnten: so ist daraus ohnschwer abzunehmen, was vor ein gewaltiger Saltz-Vorrath zur Handlung dadurch zuwege gebracht worden... etwa 36–40 Fuß unter dem Seespiegel liegt, aus einem fließenden Sande besteht, so wie überhaupt das ganze Gebirge aus vorwaltendem Sand und sandigem Thon; ein Gebirge, welches selbst noch jünger zu seyn scheint, als der blaue Thon auf den Inseln Usedom und Wollin, welcher der Kreideformation aufgelagert ist.

Johann Carl Oelrichs, 1771

Die hiesige Salzsiederei hat ¼ schärferen und besseren inneren Gehalt als das englische Salz, das sonst eingeführt und im Lande verbraucht wurde. Die Salzquelle befindet sich an der Nordseite des Ryckflusses auf dem sogenannten Rosenthal.

anonym 1791

Neben der Stadt am Rücksgraben ist ein Salzwerk. Die Sole wird durch Pumpen, die durch Windmühlenflügel getrieben werden, auf die Gradierhäuser geleitet, auf deren Dächern die Windmühlenflügel angebracht sind.

Wilhelm von Humboldt, 1796

Das Merkwürdigste, was man hier besehen kann, sind die Gradirwerke des Salzes. Diese Salzquellen wurden im 30jährigen Kriege entdeckt, da Wallenstein Greifswalde belagert; sie sind hernach vielfältig wieder verschüttet worden...

Johann Karl Friedrich Rellstab, 1797

Die Greifswalder Saline liegt dicht vor dem Thore der Stadt, gegen Norden, in einer Moorwiese. Sie hat drei im Betrieb stehende Soolschächte, den Friedrichsbrunnen, Rosenthalerbrunnen, und Carlsbrunnen. In dem ersteren ist neuerdings bis 132 Fuß gebohrt worden. Der Friedrichsbrunnen ist 24 Fuß tief, hat 4 löthige Soole, und liefert in 24 Stunden 2566,9 Kubikfuß Soole, die in 1 Kubikfuß 1,587 Pfund Salz enthält. Die Quelle steigt bis zu Tage... Es sind in diesem Brunnen und dem Bohrloch folgende Gebirgsschichten durchsunken worden: bis 10 Fuß rheinl. Torfmoor, bis 23 Fuß 11 Zoll 5 Linien, Letten mit Sand vermischt. Es ist ein fast reiner, grauer Sand mit kleinen Quarzgeschieben... Bis jetzt hatte der Bohrversuch noch durchaus kein günstiges Resultat geliefert, war vielmehr in dem lockeren Gebirge mit vielen Schwierigkeiten verknüpft, so daß eine weitere Fortsetzung schwerlich statt finden dürfte.
Der Rosenthaler Brunnen ist 34 Fuß tief, durch Torf, Triebsand, Lehm und blauen

Greifswald von Norden. Lithographie von Carl August Hube, 1834

Greifswald von Norden. Zeichnung von Albert Grell, 1847 (?)

Letten abgesunken. Er hat 3½ löthige Soole von 6 Gr. Reaum. Temperatur, und liefert in 24 Stunden 8528 Kubikfuß. Der Carlsbrunnen, in dessen Sohle ein Bohrloch, hat bis 41 Fuß 5 Zoll dieselben Schichten durchsunken wie der Friedrichsbrunnen. Bei 41 Fuß 5 Zoll befindet sich ein feiner und gröberer, loser Sand, und in demselben die Soolquellen. Diese Schicht geht bis 43 Fuß 10 Zoll. Es folgt dann ein ähnlicher Sand mit Geschieben von groben Kieseln, Granitgeschieben, aber auch Geschieben von Kreide. Alle drei Soolbrunnen können bei schlechtem Betrieb, in 244 Arbeitstagen etwa 2,080,832 Kubikfuß Soole liefern, die im Kubikfuß 1,346 Pfund Salz enthält.

Karl von Oeynhausen, 1826

So gelangten wir rechts an den schönen und sicheren Hafen, einst Portus Waldus genannt. Das fröhliche Treiben wiederholte sich jenseits in den Salinen und lustig drehten sich im Winde die kleinen Mühlenflügel auf den langen Dächern.

Johann Friedrich Rossmäsler, 1837

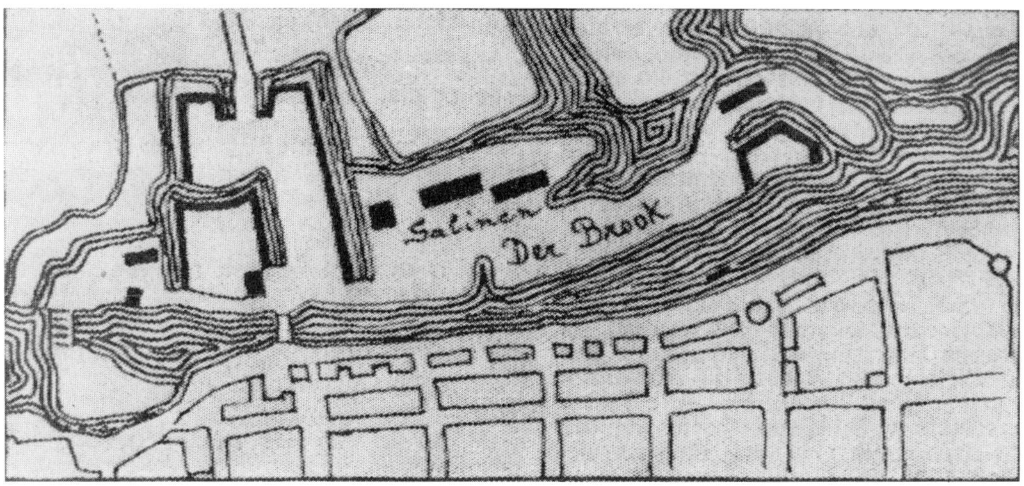

Der Brook. Zeichnung bei Augustin von Balthasar:
Historie des Klosters Eldena und des Hafens Wyck. Greifsw. 1756

Ryck, Saline, Treckschuten. Lithographie von Carl August Menzel, um 1850

Hafen mit Saline. Lithographie von Robert Geissler, 1869

Wieck

Es war zu der Zeit (1297) allhier ein Salzwasser, so etwa 2 mal so breit, als jetzo der neue Wyckische Stadt-Hafe ist, da der Fluß Rick durch das Kloster-Territorium eingelaufen, und die Schiffarth an der Süder-Seite nach Eldena werts, da es am tiefsten gewesen, durchgegangen; welcher Ort daher auch das Tief genannt worden; war also damalen der Stremel nach Norden mit dem übrigen Lande Wyk terra continens. Weil aber dasselbe denen Schiffen nicht tief genug gewest, hat die Stadt nachhero a. 1551 einen Platz daselbst erhalten, nach ihren Gefallen einen neuen Graben zu graben und zu bebolwerken; worauf sie den Ort nächst dem Landplatz das Ländlein Wicks erwählet, und alda das neue Tief und den Hafen, so jetzo noch im Stande ist, mit 2 Bollwerken von Pfählen und Planken nach Süden und Norden würklich verfertiget haben. Nach Vollbringung des Werks ist der Süder-Ort desselben salzen Wassers nach Eldena hin, (welcher durch das gemachte Süder-Bollwerk des neuen Hafens und der ausgeworfenen Erde, oder den Stremel, abgeschnitten) das alte Tief genannt, und nicht breit geblieben; massen eine Eldenaische Kloster-Wiese fort daran gestossen, welche aber hernach wegen des Bollwerks und des Stremels von Jahren zu Jahren vom Wasser weggefressen, daß sie jetzo fast ganz inundiret; oder zu Weide geworden. Es ist also der Stremel gegen Süden des Klosters Gränze, und gehöret noch dem Kloster.

Augustin von Balthasar, 1756

Am linken Ufer des Ryckes, der Stadt gegenüber liegt die Saline auf Torfgrund, und die Fläche, die sich von da nach Osten und Norden, bis zu den Sandufern, die sich das Meer aufgeworfen hat, ausspannt, ist abwechselnd Torfmoor und Sand. Diese Ufer sind zu niedrig, um dem Namen Dünen zu entsprechen. Man findet, nördlich von Wieck, zwischen dem Strande und dem Sandrücken, der in einigem Abstande von demselben fortläuft, Ackerland und kleine, unbedeutende, mit Torf ausgewachsene Pfühle ... Man könnte die Frage aufwerfen, ob das große Torflager der Niederung nirgends, von der Meerseite gleichsam mit Flugsand überdeckt, unter das Ufer setze, um vielleicht unter dem Meere, welches längs dem Lande seicht ist, wieder zu erscheinen ...

Man bemerkt, daß eben an der Stelle, die jetzt im Bestich ist, schon früher einmal ... gegraben worden ist ... Man findet im Moor in der Tiefe von ungefähr 5 Fuß unter dem mittleren Wasserstand der Ostsee, häufige, aufrecht auf ihren Wurzeln stehende

Baumstubben, deren Stämme abgestorben oder angebrochen sind... Das Holz ist meist frisch und unverändert, die Baumart... unverkenntlich. Man soll in dem Torfstiche der Akademie, auf einem anderen Punkte eben dieses Moores, nur Eichen finden: in den Gründen hingegen, die uns beschäftigen, kommen im allgemeinen nur Fichten vor... Knochen, Schädel und Gerippe von Thieren sollen nicht selten darinnen vorkommen. Hirschgeweihe, die früher aus dem Torfe aufgegraben und aufbewahrt worden sind, waren nicht mehr in Greifswald aufzufinden.

Adalbert von Chamisso, 1823

Unter den Dörfern zeichnete sich besonders Eldena, 1 Stunde von Greifswalde, mit seinem angenehmen Holze aus, hinter dem man etwa ½ Stunde sich dem Ostseebusen Bodden nähert, der in einiger Entfernung von der Stadt den Hafen derselben bildet. Ein aus den Stadteinkünften erhaltenes Bollwerk faßt landeinwärts den Hafen ein, längs dem der kleine Ort Wieke liegt, und in welchen das für kleine Schiffe fahrbare Wasser Ryck (Hilde), von Greifswalde her, fließt...

Christian Gottfried Daniel Stein, 1827

Mündungsregulierung des Ryck bei Wieck. Zeichnung bei Augustin von Balthasar: Historie des Klosters Eldena und des Hafens Wyck. Greifswald 1756

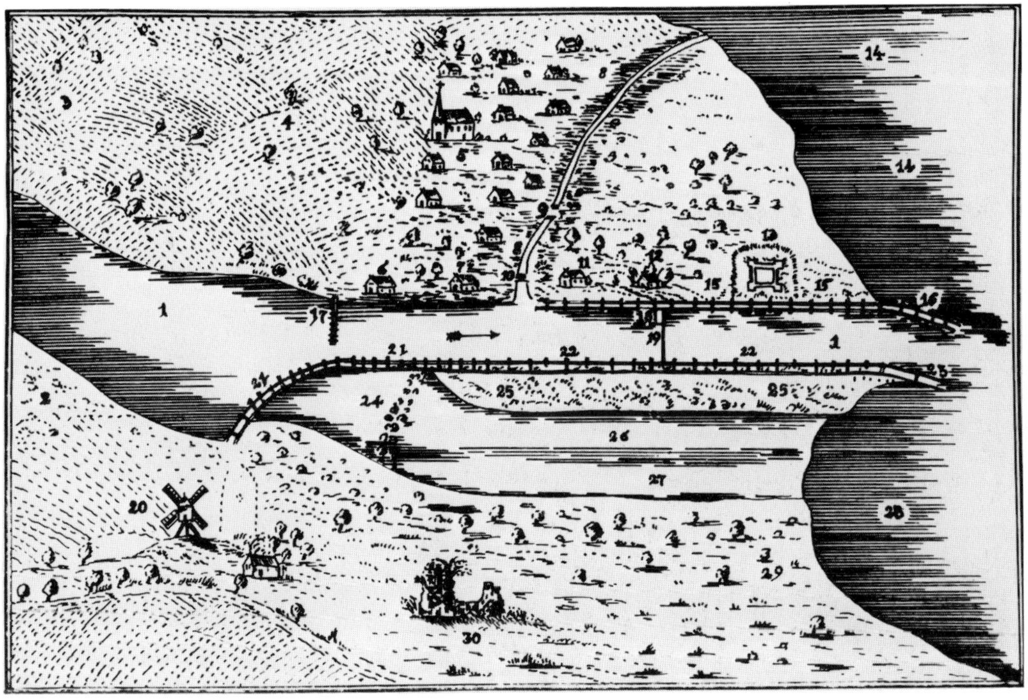

Das Dampfschiff kommt der Stadt nicht näher als in der Entfernung einer halben deutschen Meile, an der Mündung des Ryckflusses, wo Wik oder Wieke, ein akademisches Dorf, liegt. Hier wird das Fahrzeug in einem, mit starken Steinkisten – Bollwerken – umbauten Hafen aufgenommen, der eine bequeme Landung bietet.

Magnus af Pontin, 1830

Wyck, das uns zur Linken liegt, ist ein reinliches, freundliches Dorf, das zunächst von meist wohlhabenden Schiffern und Fischern bewohnt wird und außerdem, daß es zum Hafen und Seebad der Greifswalder dient, nichts Bemerkenswerthes aufzuweisen hat.

Wilhelm Cornelius, 1839

Alter Übergang von Eldena nach Wieck. Lithographie von Ludwig Eduard Lütke, um 1830

... Meister Gellentin baggerte damals (1839) im Ryckbette neben dem an der Mündung des Flusses belegenen Fischerdorfes Wiek, zunächst hinter der Fähre. Das Fährhaus und die Nehls'sche Schenkwirthschaft liegen dort am linken Ufer des Flusses und etwa 80 Schritte von demselben entfernt. Der zwischenliegende, ungefähr 100 Schritte lange Raum läuft gegen den Fluß hinab in einen Sumpf aus ... An seiner rechten Seite wird der Fluß dort durch ein Bollwerk begrenzt, dem gegenüber vom Ende des Sumpfes ab ein zweites Bollwerk beginnt ...

Neben demselben (Sumpf) ward zuerst i.J. 1839 ein Feuerstein-Breitmeißel von ausgezeichneter Größe ausgebaggert ... Im Jahre 1847 fand man ein zweites, sehr wohl erhaltenes, seltenes Stück, nämlich einen von Hirsch- oder Elen-Geweih gearbeiteten, an beiden Enden flach abgestumpften Hammer mit länglich viereckigem, sehr genauem und scharfkantigem Schaftloche ...

Der Baggermeister beklagte sich schon zu jener Zeit wiederholt über die vielen, im Bette des Ryck stehenden Pfahlstümpfe, welche dem raschen Fortschreiten der Arbeit sehr hinderlich und nur selten so vermodert seien, daß die Baggereimer sie durchschneiden könnten und daher zumeist herausgezogen werden müßten ...

Hiernach ruhte die Sache bis zum Jahre 1859, wo ein Verlängerungs- und Veränderungsbau mit den Molen begonnen ward, bei welcher Gelegenheit auch die vielen Fischerböte, welche bis dahin im Hafen gelegen und ihn lästig beengt hatten, eine zweckmäßigere Anlegestelle erhalten sollten. Man begann daher gleichzeitig den Ryck an der Stelle des gedachten Sumpfes in der Richtung nach dem Nehls'schen Hause heran zu einem großen Bassin zu erweitern ...

... als ich erst im September 1864 wieder von den Baggerarbeiten reden hörte und Nachrichten über zahlreiche, während der letzten beiden Sommer vorgekommene Auffindungen von Antiken empfing, welche mich in gleichem Grade interessirten und aufregten. Herr Budag hinterbrachte mir nämlich die Nachricht, daß er so eben erst von der Ausbaggerung vieler Alterthümer Kunde erhalten habe und deshalb sogleich nach Wiek gegangen sei, um an Ort und Stelle das Nähere zu befragen, wo noch immer an der Vertiefung des vorerwähnten Sumpf-Bassins vor dem Nehls'schen Wirtshause gearbeitet werde, und daß es ihm geglückt sei, einen zwar kleineren, aber eben so schönen Streithammer, wie der nach Berlin gesandte, und ein dolchartiges Feuersteinmesser zu erhandeln ... Zugleich machte er mich darauf aufmerksam, daß ich durch den jetzigen Baggermeister Kleinvogel ausführliche Nachrichten und gewiß auch noch einige Antiken erhalten könne. Denn es lägen z. B. vor dessen Thüre drei große, sonderbar ausgehöhlte Steine, wovon er mir gewiß einen überlassen werde.

Diese Nachrichten mußten begreiflich sogleich den Gedanken an Pfahlbauten in mir erwecken, welcher in Betracht der günstig belegenen Localität an der Mündung eines

Flusses, dessen Wasser fast ohne Gefälle allein von dem Steigen oder Fallen der Ostsee bald aus- bald einläuft, und beim Rückblicke auf die neben der Stelle des erwähnten Sumpfes schon in früheren Jahren gefundenen Pfahlstümpfe und der bereits zu Tage gekommenen Alterthümer mehr und mehr in mir Raum gewann.
Ungesäumt begab ich mich daher zum Hause des Baggermeisters, betastete die vor der Thüre liegenden drei Steine und fand meine Vermuthung bestätigt, daß es Getraide-Quetschsteine seien, wie dergleichen, halbmuldenförmig und 100 bis 150 Pfd. schwer, in unseren Küstenländern bekannt sind und namentlich an der Ostseite der Insel Rügen in großer Anzahl gefunden werden. Die vom Baggermeister eingezogenen Nachrichten lauteten folgendermaßen: »... wurden die drei, vor meiner Thüre liegenden ausgehöhlten Steine gefunden, welche ich, weil sie offenbar von Menschenhänden bearbeitet waren, zurücklegen und zur Stadt nach meinem Hause transportiren ließ. Auch fanden sich viele abgefaulte Pfähle, welche in kleinen Zwischenräumen, meist zu dreien nebeneinander standen und in 6 Fuß von einander entfernten Reihenschräge gegen den Fluß hin verliefen. Aus der Kies- und vielleicht auch aus der unteren Moderschicht sind vielerlei sonderbare Hämmer mit einem Loch, meist von schwarzen Feldsteinen sauber gearbeitet, ferner Keile und Messer

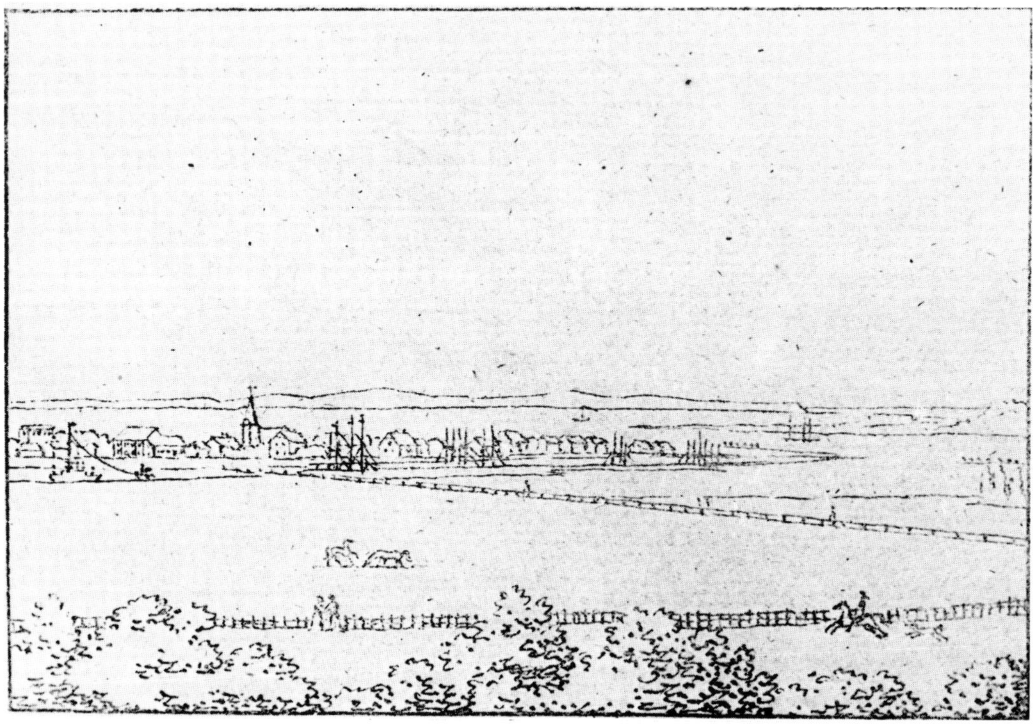

Wieck. Lithographie von Ludwig Eduard Lütke, um 1830 (?)

Der neue Wiecker Hafen. Lithographie von Ludwig Eduard Lütke, um 1830

und Dolche von Feuerstein, sehr viele Topfscherben, Stücke von Hirschgeweihen und gewaltig viele Knochen zu Tage gefördert... zumeist an die zum Bade Gehenden verkauft worden. Nicht minder wurden die Knochen gesammelt, fuhrenweise an die Aufkäufer verhandelt und der Erlös sogleich in Branntwein angelegt. Die Arbeiter sollen auch eine Anzahl kleiner, theils flacher, theils gewölbter, knopfförmiger Steine mit einem durchgehenden Loch in der Mitte (offenbar Spindelsteine) gefunden, aber aus Unverstand wieder fortgeworfen haben.«

Da ich zu gleicher Zeit ermittelt hatte, daß der Handelsmann Schmidt hierselbst alle zu Wieck ausgebaggerten Thierknochen und Geweihfragmente aufgekauft habe, so hielt ich sofort Nachfrage, empfing jedoch die Nachricht, daß er sogleich Alles an den Handelsjuden Zehden abzuliefern pflege, welcher hier alle Knochen für eine Fabrik zu Berlin aufkaufe...

Fußend auf der Basis dieser Erfahrungen, Beobachtungen und zuverlässigen Nachrichten bleibt darüber kein Zweifel in mir übrig, an der Stelle des jetzigen Bootshafens bei Wiek und unmittelbar an der vormaligen Mündung des Ryckflusses die ersten Pfahlbauten in Neu-Vor-Pommern aufgefunden zu haben.

Friedrich von Hagenow, 1839, 1865

Das Wiecker Bollwerk. Lithographie von Carl Rohde, um 1870

Auf dem Boden des sauberen Fischerdörfchens Wieck bewegte ich mich mit noch größerer Eigenmächtigkeit. Ich kannte bald alle Leute im Dorfe und war auch in ihren Häusern ein gern gesehener Gast. Eine Wirtschaft gleich zu Anfang des Dörfchens Wieck gelegen, in welcher man gerne einkehrte, und die im Inneren des Hauses sowohl als auch im Vorgarten unter herrlichen Kastanienbäumen zum Kaffeetrinken, Mittag- und Abendessen so freundlich einlud, war die von Jakobs. Da gab's immer etwas zu schnabulieren: Beim Morgenkaffee die unbeschreiblich mundenden Salzkuchen mit tüchtig aufgelegter Butter, zum Mittag- und Abendessen das obligate Beefsteack mit herrlichen, in Butter gebratenen Kartoffeln, – kurzum, das schmucke Fischerdörfchen Wieck war ein Anziehungspunkt 1. Klasse für alle Greifswalder.

Alexander König, 1880

Der alte Wiecker Hafen. Vignette von Gustav Schönleber bei Hoefer: Küstenfahrten an der Nord- und Ostsee. 1880

Ruine Eldena am Wasser, Zugang über die Felder. Aquarell von Anton Heinrich Gladrow, 1828

Kloster und Ruine Eldena

Anno 1534. Nach geendigten Landtage ... Was sich nun in specie alda (in Eldena) begeben / sol uns abermahl Herr Antonius Remmelding / der selbst mit damahln im Kloster gewesen ist / erzehlen.
... Wir hielten an umb Vorbitt, an unsere gnädige Herren / umb verschickung nach Wittenberg zu studieren ... wurd Valentin von Wedel ein Frommer und Gelehrter Juncker / uns sehr günstig / allda zum Häuptman verordnet / dem Abt wurden die Tage seines Lebens 30 Gülden alle Jahr / ein freyer Tisch / freye Knecht / und Dienstvolck / verordnet: Der Prior und andere Münche so bleiben wolten / wurden auch versorget / doch mit abstellung ihres Gottesdienstes / und man bestalte das Kloster mit guten Predigern. Wir verglichen uns mit etlichen unsers gleich Jungen Gesellen auß dem Kloster Campe / die auch durch bitt und unterhandlung des Herren Doctoris Bugenhagen Fürstlichen und gnädigen Unterhalt bekommen hatten / und zogen nach Wittenberg mit frölichen Gesang: In exitu Israel de Aegypte / wer es versucht hat, der verstehet es. –
So weit Antonius Remmelding.

Daniel Cramer, 1628

Ein Fest am 29. 6. 1836 in der Ruine Eldena. Lithographie von Carl August Menzel, 1836

Als hat der letzte Hertzog in Pommern Bugislaus 14. im Jahr 1633. der hohen Schul daß obgedachte Closter Eldenow/ mit allen zugehörigen Hufen/ Dörffern/ Ackerwercken/undallendazubelegenenAeckern/Wiesen/Weiden/Mühlen/Fischereyen/ Holtzungen/Pächten/undandernGerichtigkeiten/dochmitetlichwenigVorbehalt/ zu besserem der Universität/ und der Professoren Underhalt/ und Auffnehmung/ geschencket/

Matthäus Merian/Martin Zeiller, 1652

Das fürstliche Haus haben die Kaiserlichen anno 1630 abgebrandt, die Kirche, Kreutzgang und was zum Kloster gehöret, ist anno 1637 durch die Schwedische Militz nebst dem Ackerhofe und andern Gebäuden außer der alten Renterey und ein Theil von der alten Abtey abgebrandt...
In dieser Kirche ist dess Hochseeligen Hertzogen Erici II., wie auch des letzten Grafen von Gützkow, Grafen Johannis, Begräbnis gewesen, deren Monumenta von jetzo noch lebende Leute darin gedacht werden...

Inventar Eldena. Augustin Rhau 1672

Westfenster der Ruine, mit eingebauter Hütte. Lavierte Zeichnung von Gustaf Huldberg, um 1798

Die Krone des Tages war ein Abendspaziergang am Ryckgraben, der Mündung des Hafens, hinaus nach Eldena, wo eine der malerischsten Klosterruinen, ein einsames, umbuschtes hochgothisches Fenster mit starken Pfeilern, kühn sich hervorhob, und nebst einem sich anlehnenden Hüttchen, im Hintergrunde das Meer bei spätem Abendduft eins der reizendsten Bilder darstellte, die bis dahin mir vorgekommen waren. Ich muß hierbei überhaupt eine Bemerkung anschließen über den sehr eigenthümlichen schönen gothischen Baustil, den man in diesen Ostseegegenden ... in bürgerlichen sowohl als kirchlichen Bauwerken wahrnimmt. Das Material desselben ist zwar durchaus nur der gebrannte Ziegel, jedoch so gut gebrannt, daß man es wohl wagen durfte, die scharf gefügten Mauersteine frei und ohne Bewurf der Luft auszusetzen, welches dann den Gebäuden einen eigenen warmen, rothbraunen Thon gibt, der vom Witterungseinfluß allmählich in dunkelgraue Farben anmuthig variiert wird. Mit diesem Material nun sind die alten Baukünstler hier in aller Weise frei und genial verfahren ... Und ebenso sieht man auch in Greifswald ... die vorgekehrten Giebelseiten der alten Bürgerhäuser sehr gut verziert.
Schade, daß dieses Eldena durch Feuer und Krieg so gründlich zerstört ist! Die wenigen Überreste lassen auf einen besonders reichen und großartigen Bau jener Zeit schließen, von dem jetzt nur noch die erwähnten Pfeiler und das prächtige, in die Luft

Das Westfenster in der Ruine Eldena, mit Kindern. Stahlstich von Bernhard Peters, gest. von Wilh. Witthöft, 19. Jh.

hinein gezeichnete Fenster, welches ich später mehrfach in Bildern wiedergegeben habe, übrig sind.

Carl Gustav Carus, 1819

... Zuerst wurde die Ruine Eldena besucht als der merkwürdigste Überrest aus der Vorzeit, welche vor ferneren Zerstörungen zu sichern eine spätere Zeit sich alle Mühe gibt. Um ihre Mauern herum ist gerodet und eingeebnet, Hecken von blühenden Gebüschen, abwechselnd mit Blumeneinfassungen, sind in dem Schutt angelegt und führen durch sauber gehaltene Gänge hinein in die Ruine. Die noch erhaltenen hohen Mauern sind bedacht und, wenn ich mich nicht falsch erinnere, sind einige Räume eingerichtet worden, so daß sie nach Jahrhunderten von neuem bewohnt werden können. Man sagt, daß die Beibehaltung der Pflege des noch erhaltenen Gebäudes vom Kronprinzen von Preußen anbefohlen sei.

Der nachmalige König Friedrich Wilhelm IV. regte bei seinen Besuchen von Eldena 1825 und 1830 die Sicherung und Säuberung der Ruine an.

Magnus af Pontin, 1830

Ich besichtigte die Ruine des Klosters Eldena, ohngefähr eine Stunde von Greifswald; es befinden sich dort mehrere noch gut erhaltene Grabsteine von Mönchen, und höchst interessante Mauertrümmer, in denen hellgrüne Büsche von Hainbuchen, Eschen und Hollunder wuchern. Von einer dieser Mauern, bei welcher man nur das Klettern und den Schwindel nicht scheuen muß, hat man eine prachtvolle Aussicht auf die See, und die Insel Rügen, nach der ich mich gewaltig sehnte.

Friedrich Mayer, 1833

Meinerseits hätte ich ein besonderes Interesse an der Erhaltung dieses Denkmals, weil von meinen Vorfahren in dem Kloster zu Eldena mehrere als Äbte fungiert haben und der letzte Abt des Klosters im 16. Jahrhundert, als es aufgehoben ward, ein Schinkel war. Ein noch ganz erhaltener Grabstein ist mit einigen mehr beschädigten im Kreuzschiff der Kirche unter Raseneinfassungen in die neuen Gartenanlagen eingefügt worden, worauf man um die eingravierte Gestalt eines mit gefalteten Händen dastehenden Abtes folgende Inschrift in Mönchsschrift und mit dazwischen stehenden Emblemen liest: anno domini MCCCXLVII, XI kalendas maii obiit Albertus Schinkel cuius anima per piam misericordiam Dei requiescat in pace perpetua. amen.

Karl Friedrich Schinkel, 1835

Westfenster in der Ruine Eldena.
Lithographie von Ludwig Eduard Lütke (?) um 1830

Ruine Eldena. Lithographie von
Robert Geissler, 1869

Klosterruine Eldena bei Nacht.
Sepia von C. D. Friedrich, 1803

Ruine Eldena. Stahlstich von
Johann Friedrich Roßmäsler, 1831

... in kurzer Zeit staunten wir die großartigen Ruinen der ehemals so mächtigen Abtei Eldena an, von deren vergangener Größe sie die besten Zeugen sind. Leider sind sie so sehr zerstreut, als daß sie ein hübsches Ganze bilden könnten, theils durch die Zerstörung der Zeit, und theils durch Zwischenbau neuerer Gebäude ... Voll von Gedanken der Vorzeit, welche die im einsamen Versteck liegenden Grabsteine Eldena'scher Äbte noch ernster erweckten, erheiterten wir uns wieder an der mannigfaltigen Aussicht, die uns der am Eingang links stehende Treppenthurm gewährte. Von seinem offenen Altane ... hat man die Aussicht über den Greifswalder Bodden, dem Badeorte Wyk etc., bis nach Rügen hin, welches letztere wir aber wegen etwas trüber Luft nicht sehen konnten. Zögernden Schrittes betraten wir die enggewundene Treppe, noch einmal uns zurückwendend, um die genossene Aussicht fester einzuprägen, und so verließen wir den Thurm.

Johann Friedrich Rossmäsler, 1837

Wenden wir uns jetzt zu der alten Klosterruine ... Vor etwa 640 Jahren stifteten die Fürsten von Rügen hier mit reichen Belehnungen ein Cisterzienserkloster und die Äbte dieses Klosters stifteten wieder die Stadt Greifswald. In dieser entstand dann die schnell erblühende und segensreiche Früchte tragende hohe Schule, die nicht wenig zum Siege der Aufklärung und Reformation beitrug, durch welche aber das Kloster fast spurlos in Schutt und Trümmer sank, die erst in neuester Zeit ein dankbarer, für das Schöne und Malerische empfänglicher Sinn aus Gestrüpp und Wildniß ans Tageslicht gefördert hat. Aus diesen Trümmern ... läßt sich auf den bedeutenden Umfang und auf die frühere Zierlichkeit des Münsters schließen. Die Verwüstung dieses Klosters geschah im 30jährigen Kriege abwechselnd von den Schweden und den Kaiserlichen, und die Universität Greifswald, die bereits unter Bogislav XIV. in den Besitz sämmtlicher Klostergüter kam, ließ erst 1827 die Ruinen säubern und aufräumen und mit einer kleinen Pflanzung von Laubbäumen umgeben ...

Wilhelm Cornelius, 1839

Leider ist die Kirche gegenwärtig eine Ruine und erst in neuerer Zeit dem gänzlichen Untergange entzogen worden. Rasenflächen und grünes Gebüsch breiten sich neben den ehrwürdigen rothen Bautrümmern hin und bilden mit ihnen ein Ganzes, in dem sich Ernst und heiteres Naturleben auf anziehende Weise mischt, das aber mehr malerischen Reiz als Gegenstände für die historische Forschung darzubieten scheint. Doch sind auch noch für die letztere sehr interessante und belohnende Einzelheiten übrig geblieben ...

Gleichzeitig mit diesen Pfeilern scheint die westliche Giebelwand des Mittelschiffes zu sein, die noch hoch emporragt und mit dem weiten Fensterbogen des großen gothischen Fensters, das in ihr sich öffnet, den malerischen Eindruck der ganzen Ruine wesentlich verstärkt. Die Einfassung dieses Fensters ist in einfacher, ausgebildet gothischer Weise gestaltet. Zur linken Seite des Fensters steigt ein Treppenthürmchen in die Höhe, das mit bunten Fensterblenden und Rosettenverzierungen von glasirten Ziegeln versehen ist; zur Rechten des Fensters steht ein Strebepfeiler . . .
Ebenso einfach und streng . . . ist die Darstellung eines Steines, welcher sich in den Ruinen der Klosterkirche zu Eldena befindet. Er gehört dem Schlusse des Jahrhunderts (und vielleicht einem Vorfahren des großen Baumeisters unserer Tage) an.

Die Abtei Eldena.
Sepia von C. D. Friedrich, 1836

Dort liegen auch noch mehrere andre Grabsteine mit eingegrabenen Umrißzeichnungen; sie sind aber sämmtlich zerbrochen. Man hat die Steine neuerdings im Kreuz der ehemaligen Kirche auf dem Boden zusammengelegt und Thränenweiden zu ihren Seiten gepflanzt. Diese romantische Idee verfehlt gewiß ihren Eindruck auf poetische Gemüther nicht; nur ist zu bedauern, daß zwischen den Fugen der gebrochenen Steine das Gras schon jetzt so dick hervorwächst, daß man die Übersicht der einzelnen Darstellungen verliert, und daß, da der Regen von den Platten nicht ablaufen kann, sich mit der Zeit über ihnen eine Moosdecke bilden dürfte. Einige dieser Steine scheinen aus dem fünfzehnten Jahrhundert herzurühren.

Franz Kugler, 1840

Ruine Eldena.
Ölbild von C. D. Friedrich,
um 1825

Die Abtei Eldena. Aquarell und Feder von C.D. Friedrich, 1814

Kloster Eldena bei Greifswald.

Die Sonne sinkt, vergoldend Rügens Höhen,
wie Purpur glänzt des Boddens düstre Bucht,
im leisen Windhauch zu uns nieder wehen
der Möwe Laute, die ihr Sandbett sucht.
Weither des Leuchtschiffs Fackel flimmert.
Noch einmal pfeift der Dampfer grell und schrill.
In dem zerfallnen Kloster wimmert
die Eule, dann ist alles stumm und still.

Hermann Löns, 1887

Ruinenteilaufnahme von Volkmar Herre, 1978

Westfenster der Ruine Eldena.
Photographie von Volkmar Herre, 1978

Westfenster der Ruine Eldena.
Photographie von Volkmar Herre, 1978

Elisenhain

Hölzung: Die zum Kloster Eldena belegene Holzung ist sehr verwüstet, die besten Eichen und nutzbarsten Bäume sind abgehauen; und in den Schanzen und zur Feuerung verbraucht worden; wie denn auch der Kaiserliche Obrist Perusi sich vorgenommen, das ganze Holz abhauen zu lassen... Die jetzigen schwedischen Offiziere bedienen sich täglich auch des Holzfahrens, und lassen die Zweige von den Bäumen abhauen, daß nichts als der Stamm übrig bleibt...

Inventar Eldena. Andreas Grantzow, 1633

Unter den Lustörtern, wohin die Einwohner besonders im Sommer Ausflucht nehmen, ist Eldena am beliebtesten. Ein sauber eingerichtetes Wirtshaus bietet Erfrischung, die Ufer der weiten See und ein finsterer, mit einsamen Gängen durchschnittener Buchenwald bieten Contraste dar. Auf dem Wege von der Stadt zu jenem Orte erblickt man die Höhen der Insel Rügen, wohin die Einwohner ihre weitern Wallfahrten zu richten pflegen und im Sommer viele Fremde und Badegäste reisen.

Friedrich Kanngießer, 1821

Der Elisenhain, wahrscheinlich so genannt nach der jetzigen Kronprinzessin Elise, ist ein Buchenwald in seinem schönsten erwachsenen Alter. An seinem Eingang sind ein paar kleinere Pavillons und verschiedene Gartenbuden, wo man Erfrischungen zu sich nehmen kann. Aber auch die zeltartigen dichtbelaubten Buchen werden dazu benutzt, und für solche Zwecke sind sie am Stamm numeriert, mit Bänken versehen und mit Tischen rings um sich...

Magnus af Pontin, 1830

Am Nachmittag war eine Wagenpartie zum Elisenhain, einem schönen Park ½ Meile von der Stadt entfernt. Dort war Musik, Punsch, Tee, Frauen und anderes Gute, mit einem Wort: alles ist groß und herrlich zugegangen...

Esaias Tegnér, 1833

Rechts von der Ruine schlingt sich an eine elegante Sommerwirtschaft ein großer Hain, der wie ein kleiner englischer Garten angelegt ist...

Friedrich Mayer, 1833

... und wandelten dem ehemaligen Klosterwalde zu, welcher seit dem Besuche der allgeliebten Frau Kronprinzessin den Namen »Elisenhain« erhalten hat. Vom Schalle erfreuender, alle schwermüthigen Gedanken vollends verscheuchenden Musik geleitet, fanden wir bald eine halboffene Gesellschaftshalle auf sonnigem Platze, doch hin und wieder von schönen Bäumen angenehm beschattet. Die fröhlich genießenden Greifswalder, welche reichlich hierher zum Besuche kommen, erinnerten uns an das schon längst bestellte Mittagessen. Eine große gastliche, zum Wirthshaus gehörende Laube nahm uns in ihrem grünen Schatten auf; um und neben uns füllten sich bald die leeren Räume des Gartens durch Greifswalder und Eleven der Academie, denn es war eben Sonntag...

Johann Friedrich Rossmäsler, 1837

In der Nähe bot das Seebad bei Wyck und der Elisenhain bei Eldena manches Angenehme. Einmal veranstalteten wir dort einen großen, bis tief in die Nacht hinein dauernden Kommers, zu dem die Veranlassung auf meine Kappe kam. Ich teile die Sache hier mit, um zu zeigen, wie frei und lustig das Studentenleben damals in Greifswald sich abspielte. Ich hatte als Amanuensis auf Veranlassung des Direktors der Anatomie, Professor Budge, eine kleine Mitteilung über die Art und Weise, wie in Greifswald die mikroskopischen Übungen, bei denen ich hauptsächlich tätig sein mußte, eingerichtet waren, in einer medizinischen Zeitung drucken lassen. Da sagten meine Liederfreunde: »Du bist unter die Schriftsteller gegangen, das ist ein Ereignis, das muß gefeiert werden.« Gesagt, getan! Es wurde ein besserer Wagen gemietet, in diesem saß ich allein mit einer Feder hinter dem Ohr; in einem zweiten gewöhnlichen Leiterwagen folgten meine Sangesbrüder und ein ansehnliches Faß Bier. So fuhren wir langsam durch die gute Stadt Greifswald. Von Zeit zu Zeit wurde gehalten, einer oder der andere meiner Kommilitonen verließ mit einem Glase Bier den Leiterwagen und bot mir einen Trunk an. Dazwischen wurden frohe Studentenlieder gesungen. Im Elisenhain hielten wir dann im Freien einen regelrechten Kommers ab. Es wurde recht spät bis wir heimkamen, aber das Ganze verlief in harmloser, echt studentischer Fröhlichkeit.

Wilhelm von Waldeyer-Hartz, 1858

Gaststätte im Elisenhain. Lithographie von Ludwig Eduard Lütke, um 1830

Im Elisenhain wurde alle Jahre der Mai angesungen; die ganze anwesende Studentenschaft sang im gewaltigen Chor Geibels Mailied nach den Klängen der Musikkapelle. Der alte Wirt Richter mit der schillernden Nase war selig, d.h. von Alkohol und Freude über seine Doktings. Das Bier floß in Strömen...

Max Spiecker, 1874

Und dann du, einzig schöner Elisenhain mit deinen Prachtbuchen!... Und in hellen Scharen zog jung und alt in den Hain, wo Meister Creutzfeldt und nach seinem Tode der inzwischen gleichfalls verstorbene Hundhammer über die städtische Kapelle den Taktstock schwangen, und regelmäßig bildete Geibels unverwüstliches Mailied und das »Maiklopfen« den althergebrachten Abschluß...

Otto Walter, 1894

Gespräche zu zweien zogen mich am meisten an. Solche führte ich oft und gern mit... Gerhard Lüdtke, der germanistische Philologie studierte. Wir trennten uns am liebsten von der sonntäglichen Vereinskorona und so manches Mal sind wir in heißen Debatten vom Elisenhain weiter zum Strohkamp gezogen, einem idyllischen einsamen Weiler, wo wir ganz für uns vor der kleinen Bauernkate sitzen und für wenige Pfennige eine Satte saure Milch löffeln, wohl auch einen »lütten Kuhrn« dazu trinken konnten!...

Willi Hellpach, 1895

Eichen im Elisenhain. Aquarell von Anton Heinrich Gladrow, o.J.

Das Sommersemester 1914 ließ sich herrlich an. Frühlingssonne am 1. Mai, das rechte Wetter für Greifswalds großes Fest, für das berühmte »Maiklopfen« im Elisenhain. Die ganze Studentenschaft, vielfarbig und vielgestaltig, war versammelt und erhob sich einmütig zum Absingen des Mailiedes, zum »Maiklopfen«. Ganz Greifswald sang und feierte mit. Es war ein Blühen ohnegleichen und es mußte wahrlich ein glückliches Jahr werden. So glaubten wir alle.

Richard Staberock 1914

Gaststätte im Elisenhain. Lithographie von Robert Geissler, 1869

Siegel der Stadt Greifswald von 1308

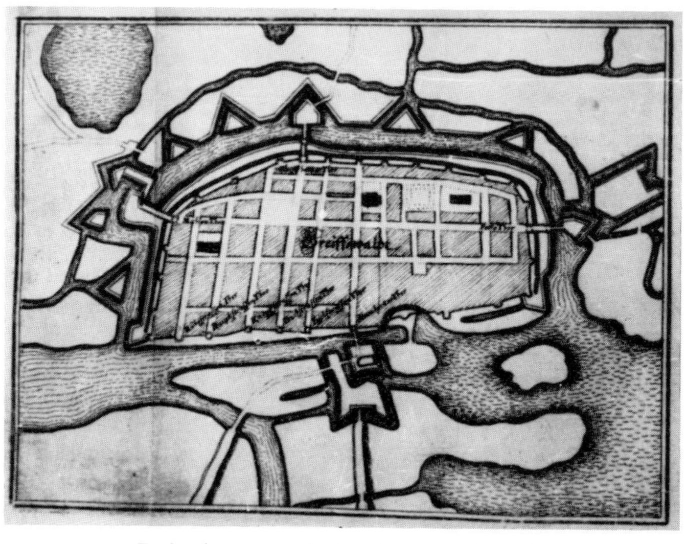

Befestigungswerk der Stadt Greifswald.
Kupferstich von Matthäus Merian, 1652

Anfänge der Stadt Greifswald

Im Jahre unsers Herrn 1233 ist die Stadt Grypswald von den Sachsen und unter dem Kloster Eldenaw zu bauen angefangen. Nachdem der Niederländer jetzund viele im Lande handelten und bey Grypswald eine ziemliche Havenung gehabt, hat die Stadt in kurzem mehr zugenommen, also daß die Münche zur Eldenaw ihrer übel konnten mächtig seyn. Darum hat darnachmals Herzog Barnim mit dem Abte zu Eldenaw so viel gehandelt, daß er ihm und seinen Erben die Stadt Grypswald übergab, doch daß er sie vom Kloster vorm hohen Altar sollte zu Lehn empfangen, und daß ein jeglicher Bürger alle Jahr aus seinem Hause, zur Erkenntniß der Gerechtigkeit dem Kloster sollte einen silbernen Pfennig geben, welches dann eine Zeitlang geschehen ist; aber nach dem des Geldes wenig und den Mönchen in Sammlung desselben viel unnütze Worte wiederfuhren, haben sie die Länge solche Pflicht fallen lassen, und ist also die Stadt mit aller Gerechtigkeit der Fürsten geworden.

Nikolaus Klemptzen, 1533

Gryphiswalda. Kupferstich von Willem Swidde, 1681

Gesamtansicht von Greifswald. »Aus Meißners Schatzkästlein« Kupferstich um 1780

... Ein geringer Winckel des Östlichen Theils der heutigen Stadt Greyffswald machte damahlen die gantze Stadt aus. Die Gegend war es etwa, wo sich die zuerst erbaute, und noch jetzund vorhandene Marien-Kirche befindet ... Hir waren auch damahls die äussersten Gräntzen des Gebiets der Abtey Eldenau an dieser Seiten des Rycks. Sonst war der Anblick und die damahlige Beschaffenheit des Orths fast scheußlich. Denn ein dicker ungeheurer Eichen-Wald, der sich einer Seits biß Eldenau, anderer Seits biß auf die 2 Meilen gegen Gützkau erstreckte, hatte allen diesen Raum eingenommen ... Das alte Sprüchwort, da man vorzeiten alhir zu sagen pflegen: Dan würde die Welt bald ein Ende haben, wenn man von Greyffswald ab Eldenau, und von Eldenau ab Greyffswald sehen könnte, bekräfftiget es, die hin und wieder noch vorhandene Urkunden thun deßgleichen. Denn wann sie uns vor dem Mühlen-Thor vor längst der Bleiche, ein vormahliges Eich-Holtz, vor dem Fetten Thor aber ein Eller-Holtz, nahmhafftig machen, so legen sie damit eine Anzeige vor Augen, wie waldigt es, auch nach Erbauung der Stadt umb derselben herumb vor Alters noch ausgesehen habe. Innerhalb denen Mauren derselben aber hat der Augenschein, den man aller Welt Zeugniß zu nennen pfleget, eben eine solche ehemahlige Gestalt verrathen; denn es sind, wenn bey Gelegenheit eines Baues, oder sonsten, der Schoß der Erden geöffnet, Wurtzeln vorzeiten abgestämmter Eich-Bäume von ungemeiner Größe und Umbfang gefunden worden. Und mir deutcht, daß das Wappen der Stadt mit seiner Bildung nichts anders, als ein Denckmahl dieses vormahligen Zustandes sey. Ein Greyff steht auf den abgehauenen Stamm eines Eich-Baumes, der aber doch noch mit grünen Zweigen umbgeben ist. Denn eben also ist die neue Stadt nicht nur an die Stelle, sondern auch über den Stämmen und Wurtzeln des einen Theils niedergehauenen Waldes gegründet worden, ob sie gleich umbher noch lange nach ihrer Erbauung mit einem dichten Walde umbgeben geblieben ...

Darumb muß man die alte Sage, daß unsere Stadt vorzeiten nichts als ein schlechtes Fischerdorff gewesen sein solle, wo man sie ja retten und bey Ehren erhalten will, mit nur gedachtem Unterschied versehen und annehmen. Wiewohl ich doch fast nicht weiß, ob man derselben auch eben so viel zu trauen habe. Man beziehet sich deßfals zwar gemeiniglich auf die Aussage eines alten Eldenauschen Mönches, in nachfolgenden Lateinischen Versen:

Consilio siqvidem cares & inantia tractas,
Crede mihi, qvondam Gryphica pagus eris,
Gryphica pagus eris, qvoniam contemnis acerbe
Purpureos proceres consiliumqve senum
Clero nil solvis, Tu publica commoda spernis,
Privatum qvaeris, Gryphica pagus eris.

1. Templ. S. Mariæ. 2. Cœnobium, cui nomen à canitie. 3. Porta Molarum. 4. Curia. 5. Templum S. Nicolai. 6. Coenobium nigrum. 7. Collegium. 8. Templ. S. Iacobi. 9. Porta pinguis.

1. S. Mariæ Kirch. … colai Kirch. 6. Das …

I. B. Werner del. A. Gläßer sc. Cum Priv.

Gryphiswaldia. Kupferstich von Martin Engelbrecht, um 1750

Will man den Verstand im Teutschen haben, so lautet eine alte Übersetzung davon also:

Greyffswald, weil dir gebricht gut Raht,
Tractirst offt, was nichts aus sich hat.
Glaub nur, du wirst sampt deiner Gemein
Ein'm Dorff in kurtzen ähnlich seyn.
Ja du wirst seyn ein'm Dorff ähnlich,
Weil du hast gehalten liederlich
Die Alten, welche sich in der That
Umb dich haben verdient mit Raht.
Aber Weh mir! weil sichs mögt begeben
Vielleicht noch wohl bey meinem Leben,
Denn die Straff schon gar sänfftiglichen
Kommt unvermerckt hereingeschlichen.

Grundriß von Greifswald mit Vorstädten. Zeichnung von Friedrich von Hagenow, Lithographie von Carl August Hube, 1834

Aber hier ist ja kein Wort zu finden, so sich dahin deuten liesse, daß Greyffswald, ehe es zu einer Stadt angelegt, ein Dorff gewesen wäre. Gar nicht. Sondern, da das Gedicht eine Prophezeyung seyn soll, so geht es auf lauter zukünftige Dinge, und läuft alles hauptsächlich darauf hinaus, daß die Stadt ihres unordentlichen Haußhaltens wegen, noch dermahleins ein Dorff werden sollte…

Albert Georg Schwartz, 1733

Strukturkarte von Greifswald. Entwurf von A. v. Känel, 1967

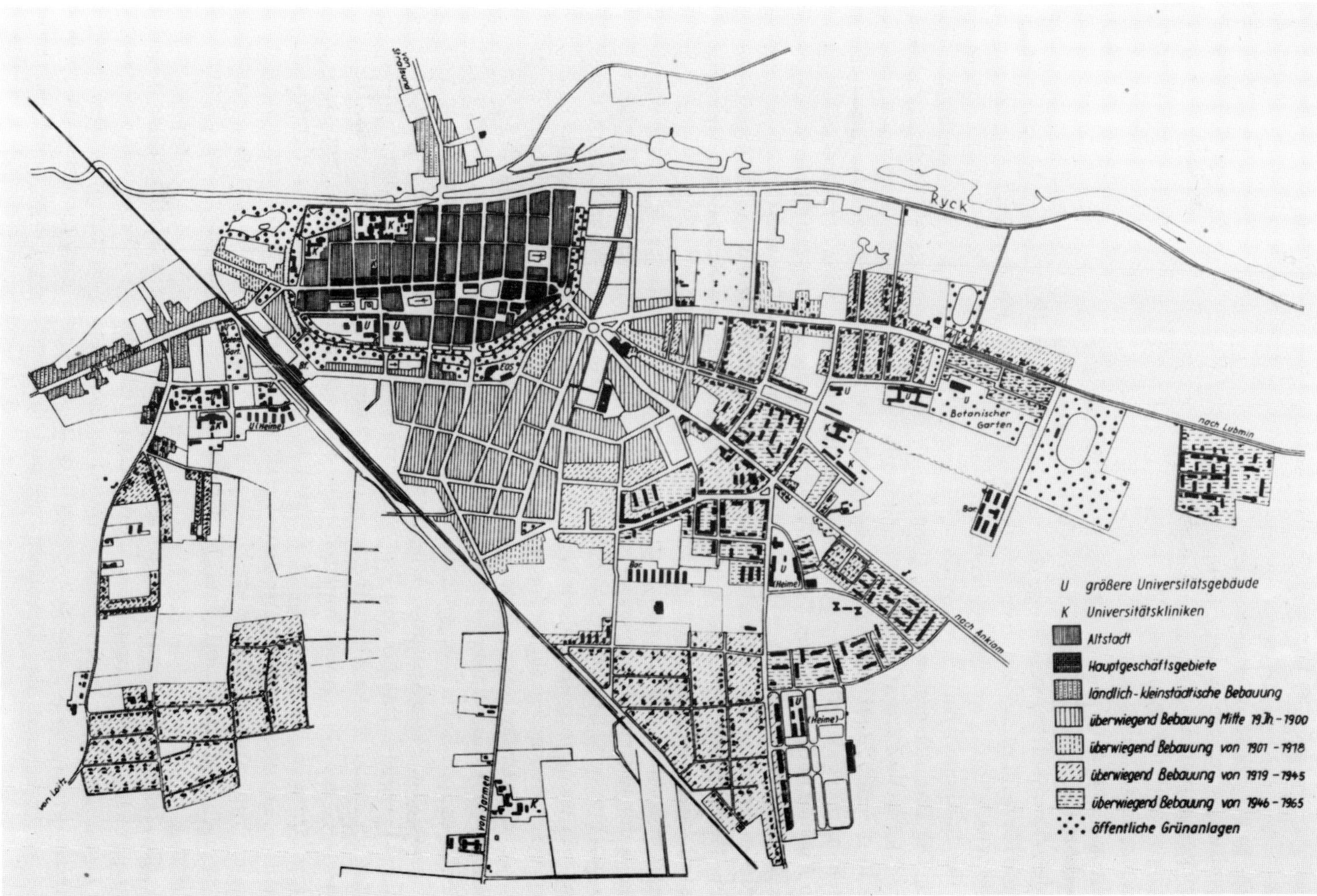

… liegt an einem von dem Rykgraben gebildeten See, eine halbe Meile von dem Greifswalder Bodden, einem Busen der Ostsee. Die Stadt wurde 1233 vom Abte des Klosters Eldena gegründet und darauf 1249 dem Herzoge Wartislav III. zu Lehn gegeben, welcher das lübische Recht und andere städtische Freiheiten verlieh …

Pomerania, 1846

Im Jahre 1245 ließ der Abt von Eldena aus Hannover Handwerker und niedersächsische Bauern kommen und siedelte sie stromaufwärts an, 4 km von seinem Kloster entfernt, im »Wald der Greifen«. Von daher der Name, den die neue Stadt annahm. Greifswald empfing von Wartislav III. das lübische Recht und vergrößerte sich schnell. Es trat 1270 in den Bund der wendischen Hansestädte ein (Stralsund, Rostock, Wismar, Lübeck). Während des ganzen Mittelalters erfreute es sich eines großen Wohlstandes.

Jean Pierre Rousselot, 1894

Gesamtansicht von Greifswald. Kupferstich von Eilhard Lubin nach dem Originalabzug der Lubinschen Karte von 1618

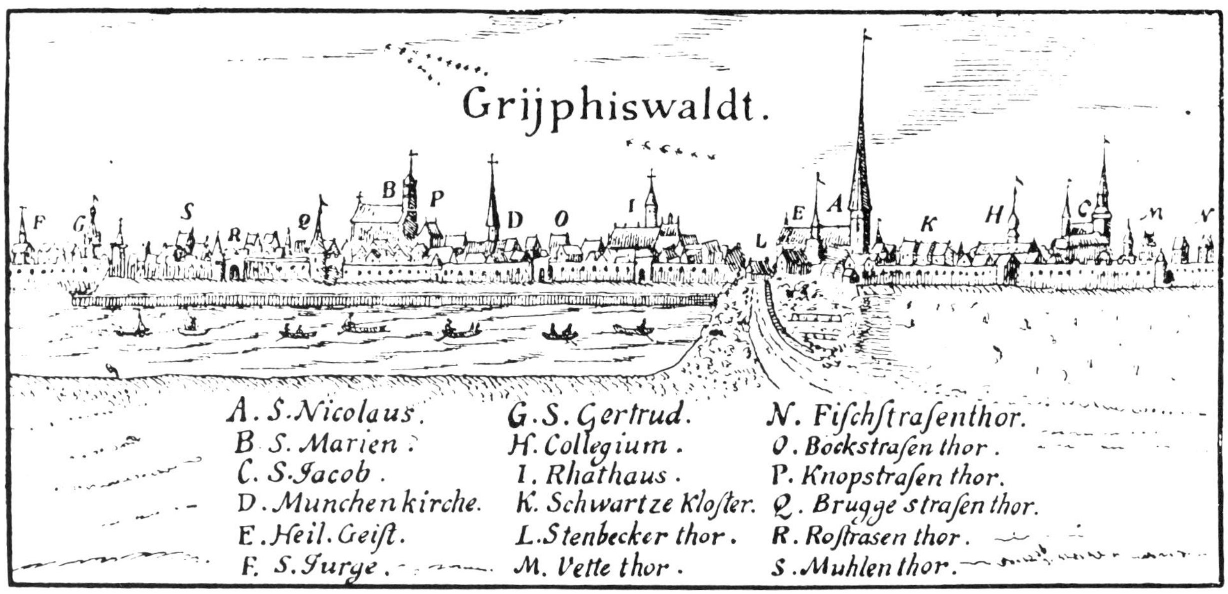

Die Kirchen

Aber wir vermißten in der auch dem Ortsfremden durch den großen einheimischen Maler Caspar David Friedrich bekannten Stadtsilhouette den Kirchturm des »kleinen Jakob« schmerzlich, der einem ursächlich noch nicht geklärten Brande im März 1955 zum Opfer fiel.

Otto Abs, 1956

Den besten Eindruck von der alten Zeit der wohlhabenden Stadt vermitteln vor allem noch die drei mächtigen Kirchen, von deren Türmen man bis nach Stralsund und zur Insel Rügen hinüberschauen kann und die als schöne Silhouetten vom flachen Lande oder von der Meeresseite her aus weiter Ferne sichtbar sind, lange bevor die meist nur ein- oder zweistöckigen Häuser auftauchen. Die älteste ist die bis in die Mitte des 13. Jahrhunderts zurückreichende und in der ehemaligen Altstadt gelegene St. Marienkirche, die ihre Urform bis heute bewahrt hat. Sie stellt als chorloser Hallenbau und mit ihrem kurzen gedrungenen Turm, der ursprünglich statt des niedrigen Zeltdaches eine schlanke kupfergedeckte Helmpyramide hatte, eines der frühesten und bedeutendsten Muster norddeutscher Bauformen dar. Auch der lichtvolle Innenraum, dessen Gewölbe von vier starken verschiedenartigen Pfeilerpaaren getragen wird, beweist einen eigenen Bauwillen in der deutschen Gotik. Um etwa die

Die Marienkirche von Süden mit Ostgiebel. Lithographie von Robert Geissler, 1869

gleiche Zeit wie St. Marien entstand auch die Jakobikirche, und zwar ebenfalls in der Form einer zunächst chorlosen und zweischiffigen Halle, die aber bereits Ende des 14. Jahrhunderts durch einen Chor erweitert und zu einem Raum mit drei Schiffen umgebaut wurde. Von der ursprünglichen Ausstattung ist nur noch ein granitenes Taufbecken erhalten. Der Dom St. Nikolai wurde – wie St. Marien auch als dreischiffige Hallenkirche begonnen, in der zweiten Hälfte des 14. Jahrhunderts aber – angeregt durch die Vorbilder anderer Hansestädte – zu einer Basilika mit erhöhtem Mittelschiff und umliegenden Kapellen verändert. Die wechselvolle Geschichte des Baus zeigte sich besonders deutlich am Turm, der am 30. März 1955 einem Feuer zum Opfer fiel*. Die Spätgotik hatte auf das kastellartige Untergeschoß des 13. Jahrhunderts ein mit Blenden verziertes Achteck mit schlankem Spitzhelm gesetzt. Eine neue Gestalt erhielt er 1652 dadurch, daß ein Barockaufbau an die Stelle des zweimal durch Stürme vernichteten Helmes trat.

* *Der Jakobiturm, nicht der Nicolaiturm, brannte.*

Friedrich Schubel, 1937

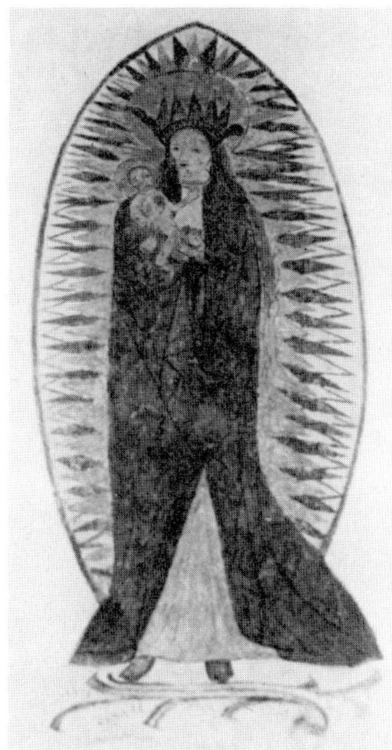

Strahlenkranzmadonna. Freskomalerei in der Marienkirche, 15. Jh.

Die Marienkirche ist unvollendet, d. h. ohne Chor geblieben, und da auch der Thurm sich kaum über das Dach erhebt, so erscheint sie in einer ganz ungewöhnlichen hohen, kompakten Masse. Die Nikolaikirche ist niedriger, aber um vieles größer und gehört zu jenen mächtigen Bauten dieser Art, welchen wir an der ganzen Ostseeküste entlang begegnen. Ihr Thurm, der wegen seiner Höhe vordem weit und breit berühmt war, wurde 1515 und wiederum 1650 durch schwere Stürme bis auf das Mauerwerk zerstört und beidemale auf die Kirche selber hinabgeworfen, welche dadurch ernstlich beschädigt wurde. Die jetzige Spitze erreicht die alte Höhe nicht; sie ist freilich im Ganzen schlank, aber seltsam verschnörkelt, so daß der Thurm nicht mit Unrecht einer Schachfigur verglichen worden ist. Die Jakobikirche ist bei weitem die kleinste von den dreien...
Der hohe schlanke Thurm der Nikolai- und die kastellartige schwere Masse der fast thurmlosen Marienkirche werden in dem ebenen Lande schon in großer Ferne sichtbar. Nach einer ganzen Weile sieht man erst die dritte, die um vieles kleinere Jakobikirche...

Edmund Hoefer, 1880

Stiefel des Wallensteinischen Stadtkommandanten Perusi, † 1631. Aufbewahrt in einer Nische in der Marienkirche

Die Marienkirche von Westen. Zeichnung von C. A. Menzel, Lithographie von Ludwig Eduard Lütke, um 1850

In der Umgebung tragen die Vorstädte noch vorwiegend einen ländlichen Charakter, auf der Südseite aber und gegen den Bahnhof hin erwächst ein ganz neuer Stadttheil, in dem es an stattlichen Häusern und großen öffentlichen Bauten, zu denen drinnen doch wenig Raum war, nirgends fehlt, und auch eine hübsche kleine Kirche der katholischen Gemeinde entstanden ist.

Edmund Hoefer, 1880

... und daß sie die jämmerlichen Ziegeldächer von der dicken Marie, und dem putigen Jakob abnehme und beide Thürme mit bessern, einer schönen Stadt würdigern Spitzen versähe. Der schlanke St. Nicolaus steht da so stolz und zeigt wie ein heiliger Finger gen Himmel, und seine Brüder stehen dagegen wie arme Sünder...

Freundliche Gedanken..., 1841

Intarsien auf der Kanzel von St. Marien, von Joachim Mekelenborg, 1585–1588

... Ist ein böses Omen, ohn allen Zweiffel, für die Kirche Gottes dieses Ortes (Der Einsturz des Nikolaikirchturmes am 13. Febr. 1650.). Bevoraus weil vorhin Ao. 1647 auch zum Stralsunde S. Marien-Thurm und Kirche durch Gottes Wetter eingeäschert und zernichtet worden. Deus nobis sit propitius propter Christum Dominum nostrum.

Andreas Schultze, 1659

Im Februario (1650) entstand ein so hefftiger Sturm-Wind, welcher in Greiffswald die hohe und schöne Spitze zu St. Nicolai herunter geworffen. Der Fall gerieth so übel, daß der Thurm in die Länge über der Kirche hinfiel, und diß köstliche Gebäude in einen Grauß verwandelte; Jedoch war hiebey Gottes sonderbare Providence zu erkennen, indem kein Mensch beschädiget worden und eben der Gottes-Dienst des Morgens verrichtet war; nur hat man eine Krähe todt gefunden, die sich oben im Thurm mag aufgehalten haben. Die Wiederaufbauung des neuen Thurms hat ein grosses Geld erfordert, und ist die gute Stadt darüber in nicht geringe Schulden gerathen ...

Ernst Hinrich Wackenroder, 1730

Dieses Fest wird bey uns jährlich und ordentlich am 13. Febr. oder den darauf folgenden Sonntag in der St. Nicolai Kirchen und in der letzten Predigt gefeyert, zum Andenken und Verehrung der göttlichen Wohlthat, die unserer Stadt durch den neuen Bau des itzigen Thurms und Reparation der Kirchen selbst wiederfahren,

Die Nikolaikirche von Süden. Lithographie von Robert Geissler, 1869

nachdem dieselbe A. 1650. durch den Fall des Thurms eingeschlagen und zum öffentlichen Gottesdienst unbrauchbar geworden ... Im 16. Seculo verlohr sie ihren Thurm zum erstenmal, und ward durch dessen Fall jämmerlich zugerichtet ... Hat Petrus Gruel, so eben damal gelebet, in denen Annalibus der hiesigen Philosophischen Facultaet davon berichtet, daß der Thurm gar keine Proportion gegen das Fundament gehabt, sondern aus Unvorsichtigkeit wider alle Bauregeln übermäßig hoch erbauet gewesen. Der Fall sey durch einen starken Nord-West-Wind verursachet, und zwar A. 1515, den 11. Martii, am Sonntage Oculi, mitten unter der Predigt, so alsdann hieselbst zu Mittage von 12. bis 1 Uhr gehalten wird ... Es wäre dadurch nicht allein ein Stück der Kirchen und des Gewölbes eingeschlagen; sondern zugleich wären auch drey Menschen ertödtet, die dem Mönche zugehöret; Otto Wulf, ein Schuster, Hinrich Hundesberg, ein Kannengießer, und ein Bettler, dessen Name nicht genannt ist. Endlich meldet er, daß der Thurm auf dem Kirchhofe gegen die alte Schule über gelegen, und bis an Herrn Martini Gripeswoldt Hause gereichet. Die alte Schule aber ist das andere Haus von der itzigen Nicolaischen Küsters Wohnung gegen Westen. Zu bewundern ist, daß beynahe hundert Jahre verflossen, ehe dieser Schade wieder ersetzet und ein neuer Thurm aufgeführet worden ... In unsern academischen annalibus wird beym Jahr 1609 hievon berichtet, daß er erstlich im October desselben Jahres völlig fertig geworden ...
Es muß auch dieser Thurm sehr hoch und groß gewesen seyn, denn der itzige wird dagegen ein kleines Thürmchen genennet ... Und die Tradition bey uns meldet, daß man ihn fast auf 7. Meilen in der See sehen können, und er denen Schiffern zu einem Zeichen in ihrer Fahrt gedienet. Aber dieser andere, A. 1609. völlig verfertigte Thurm, hat nicht länger, denn 40 Jahre gestanden, da er A. 1650. abermal herunterfiel ... Ein starker Westwind warf ihn herunter, wodurch zugleich die gantze Kirchen, als auf dem Kirchhofe an beyden Seiten, nach Süden und Norden zerschmettert worden. Nur darin war der Schade geringer, daß kein Mensch erschlagen, oder beschädiget worden, obgleich kurtz vorher ihrer viele herausgegangen, welche die Betstunde besuchet, so nun um 3. Uhr gehalten ... die betrübten Merkmale siehet man noch an denen vielen zerbrochenen Zeichen-Steinen, so durch diesen Fall zerschmettert worden. Man kann auch noch aus dem alten und neuen Mauerwerk der äussern Wände zureichlich erkennen, wie weit damal beschädiget worden ... Dahero ist nun auch das gantze Dach mit dem Gewölbe hineingefallen und inwendig wenig gantz gelassen. Wir können auch noch am Giebel der Lapstrassen unterschiedlich, neues und altes Mauerwerk gewahr werden ... Hier haben wir es nun aber als eine grosse Wohlthat Gottes anzusehen, daß es mit der Wiederaufrichtung der Kirchen und ihres Thurms nicht so langsam zugegangen, als vormal. In unsern academischen

Die Nikolaikirche von Westen.
Zeichnung von Carl August Menzel,
Lithographie von Ludwig Eduard
Lütke, um 1850

Annalibus wird schon nach 2. Jahren gemeldet, daß die Kirche fertig geworden, aber an statt des vorigen Thurms parva quaedam turricula, (ein klein Thürmchen) aufgesetzet sey. Ohne Zweifel ist der itzige damit gemeynet...

Jacob Heinrich von Balthasar, 1744

Unter den hiesigen Kirchen... begnügten wir uns, die Nicolai-Kirche zu sehen. Sie ist ganz gothisch, außerordentlich hoch, und fällt recht gut in die Augen, seitdem man sie von der Menge katholischer Bilder gereinigt hat, die ihr eine sehr unzierliche Zierde gaben... Ein wirklich anstößiges, wenigstens lächerliches, stellt eine Abnahme

Inneres der Nikolaikirche, Blick nach Osten. Kupferstich von Carl Wilhelm Woerishoffer, 1811/12

Christi vom Kreuze vor. Neben den Figuren, die zur Handlung gehören, steht auf der einen Seite ein Herr Pastor in seiner völligen Amtskleidung, und auf der andern Seite seine theure Ehehälfte in einem ehrbaren Putze. Der liebe Mann, der sich mehr als sechzehnhundert Jahre vor seiner Geburt ... an das Kreuz des Heilandes gestellt hat, ist ein Demminischer Präpositus von Essen, der ehemals Professor der Logik in Greifswald war. Die Zeiten haben sich wirklich ein wenig gebessert! Eine solche Absurdität erleben wir von keinem pommerischen Präpositus und von keinem Professor der Logik mehr!

Johann Friedrich Zöllner, 1795

Die Nikolaikirche nach der Restaurierung von Giese 1824. Postkarte

Was aber die Kirchen selbst betrifft, so findet man die Schlankheit hoher Spitzbogen der Pfeiler und Fenster in diesem Kunstgestein oft in Wahrheit gewagter gehalten, als anderswo in Naturgestein, und dabei sind die Verzierungen der Gesimse, die gegliederten Einschmiegungen der Fenster und Thore so fein und in so gutem Geschmack, daß eine eigene Sammlung gothischer Architektur aus jenen Gegenden gewiß ein erwünschtes Unternehmen sein würde, zumal da auch die Dauerhaftigkeit dieser Bauten auf eine innere Sicherheit der Construction schließen läßt, aus welcher gewiß noch manches Lehrreiche für unsere Zeit zu entnehmen sein dürfte.

Carl Gustav Carus, 1819

Die Kirche St. Nikolai hat drei Schiffe, der innere Raum kann leicht 100 Fuß hoch und 250′ lang sein und ist aufs tüchtigste gewölbt. Der innere Anblick ist kolossenhaft und läßt den großen Willen erkennen, den alles für Eine Sache hat. Was die neue Zeit hat hinzutun wollen, ist stolze Dummheit in natura: an diesen einfachen tüchtigen Pfeilern haben sich nämlich im Anfange des vorigen Jahrhunderts vornehme Einwohner große Verschläge mit dem reichsten Schnitzwerk machen lassen, um die Predigt ungestört verschlafen zu können, und ihre Namen daran geschrieben, von denen einer Kribbelfitz heißt. Wie kleinlich diese Privatissima sich gegen die Kirche ausnehmen, kannst Du Dir denken, obgleich einige davon groß genug wären, nebenher noch ein Ruhebett, einen Spieltisch und einen Nachtstuhl aufzunehmen...

Karl Friedrich Zelter, 1820

St. Nikolai, die größte der drei Stadtkirchen, liegt in der Nachbarschaft des Akademie-Gebäudes. Die Kirche ist ansehnlich groß und hoch, mit gotischen Bogenfenstern und anderen äußeren und inneren Schmuckstücken dieser Bauart. Der Turm hat eine majestätische Größe und Form, vom Dach an mit Kupfer bekleidet. Das Innere der Kirche war in Reparatur, weswegen es durch einen gewaltig grossen Vorhang abgeteilt war...
Alles war nun mit weißer Farbe überstrichen, was wahrscheinlich von Anfang an nicht so gewesen ist, und man findet also auch außerhalb von Schweden diesen Brauch, die Erinnerungszeichen der grauen Frühzeit zu übertünchen. Eine ganze Galerie von Gemälden der Pfarrer und auch anderer gottesfürchtiger Einwohner der Stadt füllt die beiden äußeren Gänge...

Magnus af Pontin, 1830

Die Restauration der Nikolaikirche durch den Maler und Baumeister Giese muß man in unseren Zeiten für eine größtenteils gelungene halten. Mit viel Geschmack sind die Anordnungen der nun innerlich eingebauten Altarnische, des Altars, der Kirchstühle und die Herstellung an den Pfeilern, Gewölben, der Orgel und der Orgelfront sowie des Kirchenportals ausgeführt. Auch die solide Art der dabei stattgefundenen Konstruktionen ist nur lobenswert ... Der Baumeister und Maler Giese zu Greifswald hat durch seine gelungene Ausführung in der Nikolaikirche so viel Kredit bei der Kommune gewonnen, daß ihm die Einrichtung einer neuen Altarpartie in der Marienkirche übertragen wurde, die bereits in Ausführung ist ...

Karl Friedrich Schinkel, 1835

Der Hof von St. Spiritus mit dem Nikolaikirchturm. Postkarte

Meiner alten Gewohnheit gemäss ging ich in die Nicolai-Kirche, um doch eine Sonntagsahnung zu haben; sie ist prachtvoll, im schönsten Geschmack von aussen und innen. Ich sah dem Abendmahl zu und hörte die Responsorien der Gymnasiasten. Der alte Herr Professor Lithander spielte mit einer Stimme die Riesenorgel. Ich erbaute mich an dem Geistlichen, der sehr schön die Liturgie sang.

Karl Loewe, 1837

Unter den Gebäuden Greifswalds ist zunächst die Nicolaikirche hauptsächlich ihrer einfach inneren Ausschmückung wegen, sehenswerth. Die Greifswalder sind auch von dem ansehnlichen Thurm dieser Kirche sehr entzückt. Wir sind aber der Ansicht, daß derselbe, obgleich sehr hübsch und zierlich, als Thurm eines Gotteshauses viel zu bunt, phantastisch und spielwerkig sei und nichts von der edlen imponirenden Einfachheit besitze, die trotz aller gothischen Schnörkel und Zierrathen uns in Kirchthürmen älterer Zeit entgegen tritt... Der Greifswalder Thurm macht den Eindruck einer colossalen, schön gedrechselten Schachfigur...

Wilhelm Cornelius, 1839

Ich erinnere mich an Greifswald. Es war im späten Oktober, und die Dämmerung wollte schon in Dunkelheit übergehen. Es war feucht, kalt, stürmisch, und es waren nur wenige Menschen unterwegs. Durch eine enge Gasse sah ich plötzlich die finsteren hochstrebenden Massen der Nikolaikirche. Die Gewalt des Anblicks war groß, und doch ist es kaum ein Anblick gewesen, denn die Konturen schienen im wilden Winde zu verwehen. Die kleinen festungsartigen Nebentürmchen, die ich bei Tageslicht betrachtet, hatte er schon davongetragen.
Schwer auf dem Boden lastend, an einem verödeten Platz, lag ein breites, dunkles Ungetüm, die Marienkirche.

Werner Bergengruen, 1933

Es sind hier verschiedene Hospitäler und andere Armenanstalten. Im Hospital zum heiligen Geiste waren im Jahre 1766 = 53 ordentliche und 33 außerordentliche Insassen. Sie müssen bei ihrer Aufnahme ein gewisses Einkaufsgeld geben. Das sogenannte westphälische Konvent wurde im Jahre 1761 mit dem Waisenhause dergestalt verbunden, daß 6 Wohnungen sogleich zur Aufnahme der Waisenkinder eingerichtet wurden. In Ansehung der übrigen Wohnungen setzte man fest, daß sie vermietet und nebst den übrigen Mitteln des Konvents dem Waisenhause heimhalten sollte. In dem Engelbrechtischen oder armen Konvente werden arme Unterthanen

Dic Jakobikirche von Westen.
chnung von Carl August Menzel,
Lithographie von
Ludwig Eduard Lütke,
um 1850

aus den Stadtgütern, die nicht mehr arbeiten können, auch arme Stadtleute aus den niedrigen Ständen aufgenommen.

Bericht eines Reisenden ..., 1791

St. Spiritus, ein mitten in der Stadt gelegenes Idyll. Es ist ein Spital, für Elende und Bresthafte gegründet im Mittelalter, das nicht so dunkel war, wie man gewöhnlich annimmt. Die Barmherzigkeit ist ja doch keine neue Erfindung. Zur Zeit dient St. Spiritus, abgesehen von der Verpflegung mittelloser Kranker, dazu, alten Leuten beider Geschlechter Unterkunft nebst einem bescheidenen Einkommen zu gewähren. St. Spiritus tritt mit 2 ansehnlichen Gebäuden auf die Straße hinaus, am anziehendsten aber sind seine inneren Höfe. Da stehen alte Birn- und Nußbäume, deren Wipfel hoch zwischen den Giebeln der Häuser emporragen; da giebt es Gartenanlagen, in denen alles merkwürdig gut wächst, trotzdem es so eng von hohen Mauern eingeschlossen ist. Blühte doch dort um diese Jahreszeit der Goldregen zum zweiten Mal. Da erhebt sich hoch über alle andern Gebäude der Thurm der Nikolaikirche, der in seinem unteren Teil so trotzig gestaltet ist wie ein Festungsbau. Darunter liegt ein Hof, der besonders reizend ist, von drei Seiten umschließen ihn lange, einstöckige Gebäude, die von alten Fräulein bewohnt werden. Vor jeder Wohnung stehen draußen an der Mauer 10 oder 12 Myrthenstöcke in Blumentöpfen, kleinblättrige, alle im besten Vegetationsstand ... Als ich dort mit zwei Begleitern auf dem Hof erschien, kamen sogleich ein paar alte Fräulein aus ihren Häusern herausgehuscht, fingen mit uns Gespräche an und erkundigten sich, ob der Türke noch immer so grausam wäre, und ob denn nicht endlich Schweden und Polen miteinander Frieden geschlossen hätten. Während ich mit ihnen sprach und sie zu beruhigen suchte, schmiegte sich eine schwarze, glatte Katze, die ohne Zweifel ein verzaubertes altes Fräulein war, an mich an ...

Johannes Trojan, 1895

Wer die Stadt nur von der Durchreise her kennt, wird nicht wenig überrascht sein, daß sich im Kern des größtenteils erneuerten Stadtbildes dieser schöne alte Hof verbirgt, der Hof von St. Spiritus. Greifswalder Musikfreunde fanden sich hier vor achtzehn Jahren zum ersten Mal zusammen und seitdem ist das Serenadenkonzert, das nur einmal im Jahr – gewöhnlich um die Mitte des Monats Juli – stattfindet, zur ständigen Einrichtung geworden.
In dem kleinen, von schiefgiebligen Häuschen umgebenen Hofraum zu Füßen des

mächtigen Domturmes hat sich an dem warmen Juliabend dichtgedrängt eine vielhundertköpfige Menge versammelt. Noch immer kommen neue hinzu und suchen sich in irgendeinem Winkel einen Sitzplatz, möglichst mit dem Blick auf den herrlichen Turm mit der kupfergrünen Zwiebelhaube, dessen Backsteinmauerwerk in den Strahlen der sinkenden Sonne purpurn erglüht auf dem seidigblauen Grunde des Abendhimmels, von Dohlen und Mauerseglern umschwirrt...

Da ertönt das Stimmlein der alten, wappengeschmückten Hofglocke*, geläutet von einem altersgrauen Bewohner dieser vor 700 Jahren den Wanderern und Fremden, den Armen und Siechen bestimmten Stiftung, »St. Spiritus« – die heute als Altersheim dient. Mit einem Schlage verstummt das vielstimmige Summen, und aus dem Winkel unterhalb des Turmes steigen singend die Stimmen zweier Geigen empor, untermalt vom Cello, überspielt vom Silberlaut einer Flöte – Haydn und Mozart, Schumann und Boccherini erklingen in buntem Wechsel, bis die Schatten der einfallenden Nacht herabsinken und als einzige Lichtpunkte im dämmrigen Hofraum die Lampen an den Notenpulten aufleuchten. Wenn der letzte Ton verklungen ist und plötzlich die Domuhr ihre hallenden Schläge in die laue Sommernacht hinausschickt und die Scharen der Zuhörer sich zerstreuen, hat der kleine Hofraum wieder einmal seinen großen Tag erlebt, wie er nur einmal jedes Jahr wiederkehrt – den Tag der Serenade, wie sie in der 700-jährigen Hansestadt an der Ostsee im Hof des alten Hospitals alljährlich aufgeführt wird und den musikalischen Höhepunkt des Jahres bildet.

* Die Hofglocke von St. Spiritus vom Jahre 1623 war bei Abbruch der »Neuen Heiligen Geist-Kirche« aus dem 13. Jahrhundert jenseits des Ryck, 1631 hierher gebracht worden.

Ludwig Rohde, 1951

Die katholische Kirche am Wall.
Postkarte

Marktplatz und einzelne Häuser

Eine feine große Stadt mit feinen gebranndten Steinhäusern erbauet, auf die alte seestädtische Manier. Es hat auch darinnen einen feinen großen Marckt gehabt, auf welchen ein hübscher Rohrkasten gewesen, weite und breite Gaßen gewesen, wird auch noch ziemlich sauber darinn gehalten.

Michael Franck, 1590

Das Rathaus, ein stattlicher Bau aus alter Zeit, liegt an einem viereckigen, genügend geräumigen Marktplatz und enthält mehrere, im modernen Geschmack welscher Meister kunstvoll gewölbte Hallen.

Lukas Takke, 1607

Vorzüglich ist am Markt ganz gothische Bauart. Sehr viele Zierrathen und die Giebel, die fast alle nach der Strasse zu stehn, in eine Menge von Stockwerken abgeteilt. –

Wilhelm von Humboldt, 1796

Der Marktplatz, Ostseite.

Der grosse Markt bildet ein regelmäßiges Viereck und ist von drei Seiten mit modernen, von der östlichen, mit Häusern umgeben, die mit ihren gothischen Giebeln an das Mittelalter erinnern. Dieser Markt wird durch das Rathhaus und vier daran gebaute Häuser von dem Fischmarkt geschieden, auf dem die Wochenmärkte gehalten werden. Er hat seinen Namen von der That, weil täglich hier Fische, oft zum Überfluss, feil geboten werden.

Peter Friedrich Kanngießer, 1821

Ehedem trieb die Stadt einen starken Handel, und der reichern Kaufleute giebts noch manche hier, wie sich auch an den Wohnungen derselben zeigt. Auf dem Markte zeigte man mir das Wohnhaus eines der wohlhabendsten, und dieses Haus hatte in seinem Giebel nicht mehr als neun Stockwerke, wenn man nehmlich die Fenster und obersten Blenden für ein Stockwerk gelten läßt.

Das große Giebelhaus Markt 16, das 1894 dem Postneubau weichen mußte. 1753 wohnte hier Adolf Friedrich v. Mecklenburg; 1758 war es Hauptquartier der preußischen Besatzung; 1777 war hier zeitweise die Theaterbühne aufgeschlagen. 1806 wohnte Gustav IV. Adolf hier während des Landtages. 1756 beim Univ. Jubiläum gehörte es den Brüdern Evert.

Reise eines Gesunden ..., 1822

Der Marktplatz, Ostseite, Strahlenpflaster. Stahlstich von Johann Friedrich Roßmäsler um 1839

auf dem regelmäßig viereckigen Markte streitet ein großes Rathaus und einige alte, schwarze, geschnörkelte Häuser mit jüngeren, moderneren, um den Rang des Gefallens, welcher Streit von mehreren Candidaten der Rechtswissenschaft und mir in dem hochgewölbten, helldunklen, geräumigen Rathskeller gestern dahin geschlichtet wurde, daß dem Rathhaus, schon seines Kellers halber, der Vorzug gebühre, und die jüngeren Häuser die älteren deßhalb zu achten hätten, weil diese alten Häuser Zeugniß von dem Alter der Stadt abgäben.

Friedrich Mayer, 1833

Der Marktplatz, Westseite, Strahlenpflaster. Stahlstich von Johann Friedrich Roßmäsler, um 1839

Marktplatz, Westen und Süden.
Stahlstich um 1840, bei Girscher,
Stralsund, erschienen

Marktplatz, Westen und Süden.
Zeichnung von Carl August Menzel,
Lithographie von Ludwig Eduard
Lütke, um 1850

Marktplatz, Südseite – abgerissen
vor dem Postneubau 1894. Postkarte

Das Pflaster des Marktes ist schön. Im Mittelpunkt bemerkt man einen kleinen Kreis, von welchem 16 oder 20 Strahlen konzentrisch auslaufen, die durch hellere Steine gebildet worden sind . . . Dicht zusammengedrängt erblicken wir hier drei prachtvolle Überbleibsel des Mittelalters und zwar im besten erhaltenen Zustande. Das erste Haus . . . gehört dem Weinhändler Engel. Alle Theile der Façade sind überaus reich und geschmackvoll verziert . . . Das zweite und dritte Haus, beide in demselben Geschmack erbaut, gehören dem schon erwähnten Kaufmann Odebrecht. Die Façade des letzteren Gebäudes ist besonders großartig und kühn gedacht, so wie nett ausgeführt. Der Marktplatz nun ist von ansehnlicher Größe und sehr interessant . . . das Rathaus und die, durch ihren originellen Giebel so merkwürdige Rathsapotheke. Im Hintergrunde bemerkt man wieder die Nicolaikirche.

Johann Friedrich Rossmäsler, 1837

Als die zierlichsten Beispiele mittelalterlicher Hausfaçaden sind besonders drei Häuser zu nennen, welche an der Ostseite des großen Marktes zu Greifswald nebeneinander stehen. Das erste von diesen, zur Linken, hat eine besonders reiche Dekoration. Der Giebel steigt hier stufenförmig empor; die Strebethürmchen sind mit bunten Nischen und Rosettenwerk geschmückt; die Fenster haben mannigfach durchbrochene Bogenzierden, und aus den Spitzbögen, die ihre Überwölbung umfassen, springen gereihte Blätter hervor; die ganze Verzierungsweise sowohl als die Ausbildung des Details entspricht hier vollständig der Verzierungsweise, die wir an den, dem fünfzehnten Jahrhundert angehörigen kirchlichen Bauten wahrgenommen haben. Das zweite Haus ist einfacher; die Giebelschräge ist hier nicht beobachtet sondern die Façade in gerader Masse emporgeführt und mit einer horizontalen Zinnenreihe gekrönt; hohe Fensterblenden, die durch die Bogengeschosse emporlaufen und die kleinen Fenster-Öffnungen in sich einschließen, geben dem Ganzen einen ernsteren Charakter. An dem dritten Hause erscheint am Giebel die gerade Linie des Daches, die nur durch die Strebethürmchen unterbrochen wird, doch scheint diese Einrichtung hier nicht ursprünglich; die Fenster sind dreitheilig, indem je drei kleine gebrochene Spitzbögen, von zwei Säulchen gestützt, durch größere Spitzbögen umfaßt werden. Die Form der gebrochenen Spitzbögen dürfte aber auch hier wiederum auf das fünfzehnte Jahrhundert deuten.

Franz Kugler, 1840

Giebelhaus am Markt, Anfang 15. Jh. Radierung Ende 19. Jahrhundert

Der Marktplatz, einer der schönsten in Norddeutschland, ist noch größtentheils mit gothischen und altmodischen Gebäuden umgeben. Das Rathaus kontrastirt mit der Schönheit der Straßenhäuser: es ist einer Dame im Reifrock zu vergleichen und steht da, als eine alte betagte, zwar rüstige, aber eigensinnige Großmama. Es hieß einmal, die Stadt wolle ein neues und zwar mit der Front nach Morgen bauen; doch sagte man, sie wolle eine Quelle süßen Wassers von Helmshagen nach der Stadt leiten und vor dem Rathause aufspringen lassen. Das würde eine Pracht werden!

Freundliche Gedanken . . ., 1841

Gleich einem regierenden Bürgermeister, nicht gerade prunkend, immerhin würdig steht das Rathaus in seinem grauen Rock und teilt den Marktplatz in zwei Teile. Um so wirksamer ihm gegenüber die Herrlichkeit der beiden gotischen Häuser aus dem 14. Jahrhundert! Stufenartig steigen die schlanken Giebel empor, und durch die zierlichen Ornamente blüht der Himmel. Unvergängliche Zeugen des Reichtums und Kunstsinns einer Zeit, da königliche Kaufleute ihre Schiffe nach Kopenhagen

Giebelhaus am Markt. Aquarell von Johann Martin Giehr, um 1845

Die Schenksche Apotheke, Baderstraße. Aquarell von Johann Martin Giehr, um 1845

Die Schenksche Apotheke. Aquarell von H. Kämmerling, 1851

und Bergen schickten! Rechtwinklig dazu ragt das mächtige Hansehaus – an seiner Stelle erhebt sich heute die Post... Und wieder ein paar Schritte weiter! Da wuchtet die »Dicke Marie« mit ihren Backsteinmauern. Der flache, niedrige Turm duckt sich wie ein Stier gegen Zeit und Elemente. Auch sie, über hundert Jahre älter als die Kunstwerke am Markt, aus dem kämpferischen Geist einer Gemeinschaft gebaut, deren Mitglieder Seefahrer, Krieger und Kaufleute zugleich waren. Welch Unterschied, dieses Trutzhaus zu Ehren Gottes gegen die schlanken Linien der Nikolaikirche. Hier ist alles Leichtigkeit und Streben nach oben. Wie eine Fanfare stößt der Glockenturm in die Lüfte...

Theodor Malade, 1910

Die Topographie dieser kleinen Stadt war übersichtlich und organisch gestaltet mit Stadtkern und Außenbezirken: der Markt als Zentrum, von dem sternförmig die Straßen ausgingen, wobei die lange Straße auch wirklich die längste und zugleich die Hauptstraße war.
Er (der Marktplatz) wurde durch das frühbarocke Rathaus in den großen und den kleinen unterteilt. Auf dem großen wurden Paraden abgehalten, und jede Woche war dort Markt. In seiner Mitte stand ein gußeisernes Kriegerdenkmal, schwarz mit flachen Schalen, aus denen Wasser in ein Becken floß. Der Marktplatz war mit

Wohnhaus Mühlenstraße/Ecke Schuhagen. Aquarell von Johann Martin Giehr, um 1845

Katzenkopfsteinen gepflastert, zwischen denen große Quadersteine, sternförmig zum Denkmal ziehend, dem Platz eine ordnende Richtung gaben. Wer von der Fleischerstraße kommend den Markt betrat, sah diagonal hinten die »dicke Marie« über die Dächer ragen. Ein eindrucksvoller Anblick: das überdimensionale Kirchendach, darunter zartgliedrige gotische Häuser. Rechtwinklig zum Rathaus mit seinem barocken Giebel stand das um 1900 erbaute Postgebäude, das in rotem Backstein mit lasierter Klinkereinfassung norddeutsche Gotik imitierte. Aber das störte die Kinder nicht...

Ottomar Domnick (1977)

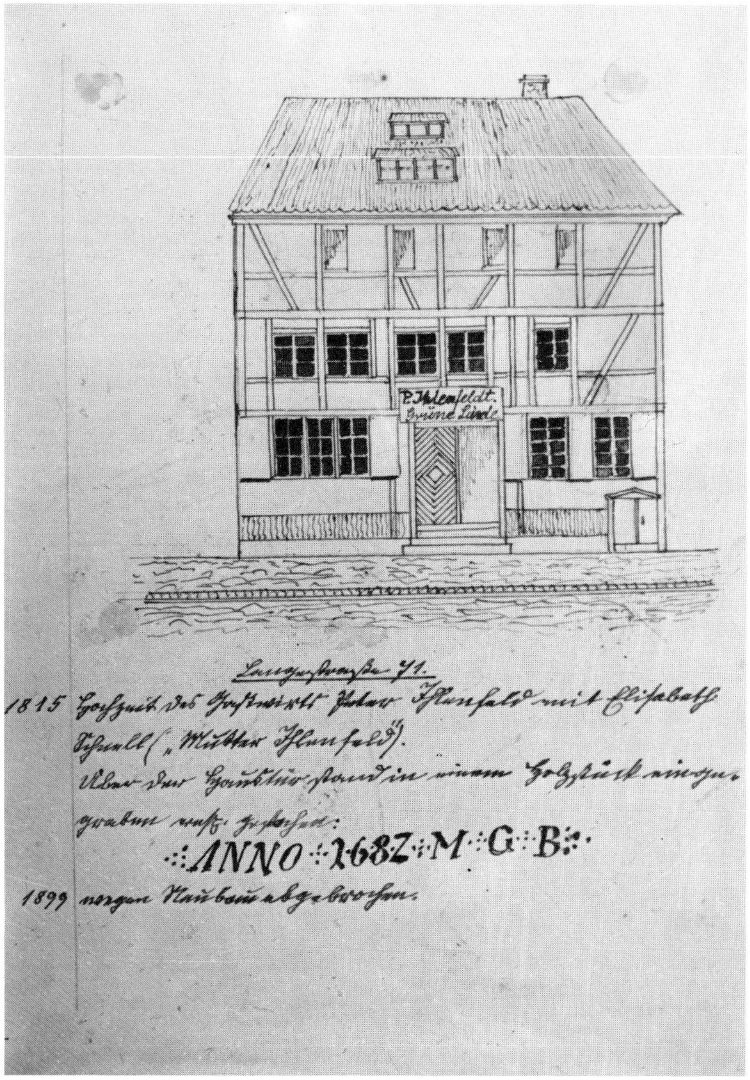

Haus »Grüne Linde«, auch »Mudding Ihlenfeld«, Langestraße/ Ecke Rotgerberstraße. Zeichner unbekannt

Klub Erholung am Schuterhagen.
Kohlezeichnung von Otto Wobbe,
vor 1894

Logenhaus am Mühlentor.
Lithographie von Carl August Hube,
bei Hagenow, 1834

Englische Pforte (Wallpforte) mit den Häusern von Canzler und Hagenow in der Papenstraße.
Aquarell von Anton Heinrich Gladrow, 1835

Tore, Mauerpforten und Türme

Die Stadt hat im ganzen zehn Tore: das östliche Mühlen-, das südliche Fleischhauer-, das nach Westen führende Fettethor; 6 andere gehen gegen Norden zu dem vorüberfliessenden Ryck hin und heissen nach den Strassen, deren Ausgänge sie bilden, das Steinbecker-, an welchem die Landstrasse nach Stralsund beginnt, das Fischstrassen-, das Böckstrassen-, das Knopfstrassen-, das Brüggstrassen- und das Kohstrassenthor. Das Zehnte, seit alten Zeiten englische Pforte genannt, ist jetzt geschlossen ...

Lukas Takke, 1607

Die Gasse, ostenwerts vom Akademischen Gebäude belegen, gehet von Norden gegen Süden, gerade auf die Stadtmauer zu, welche vormalen daselbst eine Öffnung soll gehabt haben, so das Englische Thor genannt worden.

Augustin von Balthasar, 1750

und ich fand unter andern, eine nicht unansehnliche Sternwarte, deren Äußeres wenigstens recht gut in die Augen fällt.

Die Sternwarte, das »Astronomische Observatorium«, befand sich von 1775 bis 1826 im Pulverturm am Schützenwall, einem Teil der ehemaligen Stadtbefestigung.

Karl Gottlob Küttner, 1799

Greifswald, den 8. April 1821.
... Du wirst dich wundern, wie es alles hier verändert hat. Das unterste ist zu oberst gekehrt, daß du erstaunen wirst. Von Anclam her ziert den Eingang in die Stadt ein prächtiges mit 8 Wachen besetztes Thor und mit Struktur Arbeit verziert. Die Zugbrücke ist weggebrochen und der Weg gehet jetzt grade aus, außen mit Gitter und Pallisaden versehen. Vorm Fettenthor ist auch die Zugbrücke weg, und ein schönes Gitter macht jetzt den Eingang, linker Hand auf den Wall nach dem Steinbecker Thor zu, ... ein Spazierweg der Jungfernstieg genannt, nur einfach. Aber jetzt, o Jemine, lauter Englische Anlagen, Gesträuche und Bäume sind von Stralsund, Putbus und von Lübeck verschrieben, der Riß dazu von Berlin ...

M. O. Oeberg, 1821

Wir wanderten nun zu einem Thore hinaus, dessen Namen wir vergessen haben; es war neu und im Style des Brandenburger Thores in Berlin erbaut, freilich en miniature.

Johann Friedrich Rossmäsler, 1837

Nehmen wir nun noch auf dem Markte die drei schönen alten Giebelhäuser und gegenüber das Rathhaus mit einem ansehnlichen Weinkeller in Augenschein, so hätten wir außer der Saline, den höchst eleganten, fast großartigen Stadtthoren, wovon eines, das steinbecker, nach dem Muster des berliner brandenburger erbaut ist, und außer dem Logengarten und den sehr schönen Wallpromenaden, nichts mehr zu berücksichtigen...

Wilhelm Cornelius, 1839

Dem schönen und kostbaren Steinbeckerthore fehlen ja oben noch immer die Verzierungen, die Greifen und Adler, oder was es sonst seyn soll. Das hübsche Mühlenthor und auch die kleinen Wasser- und Wallpforten prangen mit hübschen Vasen, und das erstere trauert noch zur Zeit.

Steinbeckertor. Zeichnung von Carl August Menzel, Lithographie von Ludwig Eduard Lütke, um 1850

Linke Seite:
Steinbeckertor. Aquarell von Johann Martin Giehr, nach 1845

Steinbeckertor. Lithographie von Robert Geissler, 1869

Die Steinbeckerstraße mit ihrem schönen Thor und Brücke würde gewiß jeder Hauptstadt zur Zierde gereichen...

Geplant waren je ein Adler an den vier Ecken, und an der Breitseite kupferne Embleme. Bei einer Feier wurden provisorische hölzerne Wappen und Greifen aufgesetzt. Die kupfernen Teile sind niemals fertig gestellt worden.

Dicht am Wasser steht noch ein hohes altes gothisches Gebäude, oben mit Bretter-Verschlägen, breitköpfig wie das Jahrhundert, welches es schuf; aber grotesk und ehrwürdig. Es wird ja wohl das Observatorium genannt. Hat es vielleicht früher als Sternwarte gedient? Es geht seinem Verfall mit starken Schritten entgegen...

Freundliche Gedanken..., 1841

Fleischertor, Außenbefestigungen. Zeichnung von Anton Heinrich Gladrow, kurz vor dem Abbruch 1814

Fettentor. Aquarell von
Anton Heinrich Gladrow, o. J.

Fleischertor. Postkarte

Fast noch auffälliger ist die Veränderung im nordwestlichen Theile der Stadt. Es lagen hier vordem noch einzelne alte Gebäude des früheren Dominikaner-, des »schwarzen Klosters«, und zogen sich gleich ihnen an der Stadtmauer entlang, allerhand Gäßchen, Winkel, Gärten und Räume hin, welche diese Gegend zu einer nichts weniger als freundlichen machten. Jetzt sind die Häuser und alten Klosterbauten verschwunden.

Edmund Hoefer, 1880

Reste der alten Stadtmauer und des Steinbeckertores. Unterschrift: Aus der Camera Obscura gezeichnet aus dem Garten des Saline-Inspektors (d. i. Wörishoffer) von Carl Wilhelm Wörishoffer, 1841

Die alten Tore, die Außenwerke mit ihren Lünetten, Hornwerken, Brückenköpfen, alles das ist dort verschwunden. Ein großes Tor ist stehen geblieben am Ende der Steinbeckerstraße nahe beim Ryckfluß; es ist jedoch später gebaut zur Erinnerung an die Vereinigung der Stadt mit Preußen.

Fredrik Åkerblom, 1892

Da, wo der tägliche Verkehr von Mensch und Vieh nicht erbarmungslos alles keimende Leben niedertrat, sproßte im Sommer vielfältiges Pflanzenleben aus dem Straßenpflaster empor, der Sonne entgegen. Das letzte Ende der Langenstraße nach dem Vettentor hin leuchtete weithin im Schmuck dort reichlich blühenden Löwenzahns.

Hugo Schulz, 1926

Mühlentor – Entfernung von Schwalbennestern mit langen Stangen – Zeichnung von Anton Heinrich Gladrow, 1814

Mühlentor. Zeichnung von Carl August Menzel, Lithographie von Ludwig Eduard Lütke, um 1850

Schiffswerft am Brüggstraßentor
Blauer Turm, Fangelturm.
Sepia von Anton Heinrich
Gladrow, 1823

Am Ryck, Observatorium,
Fangelturm.
Farbige Zeichnung von Anton
Heinrich Gladrow, o. J.

Die Wallanlagen

Seit dem Jahre 1787 hat die Stadt eine große Annehmlichkeit und Zierde durch die Erbauung und Bepflanzung des Walles erhalten... Bis jetzt sind meistentheils nur Weiden gepflanzt. Nach und nach wird man mit andern Bäumen fortfahren. Die Einwohner wissen diese Annehmlichkeit zu schätzen und benutzen sie fleißig. Man geht nicht nur unten, längst der Stadtmauer, wo hin und wieder ein hübsches Kanapee zum Ausruhen steht, sondern auch oben auf dem Walle, von welchem man eine liebliche Aussicht in die angränzenden Felder und in die kleinen, artigen Gärten hat. Wenn sich Bürger melden, so können sie Theile des Abhangs am Walle und im Grunde erhalten, um Anpflanzungen nach ihrem Gefallen zu machen.
Hinter dem akademischen Gebäude, zwischen der Stadtmauer und dem Walle, wird jetzt eine Baumschule angelegt werden, um die Gegend mit Obstbäumen zu versorgen.

Johann Friedrich Zöllner, 1795

Neue Wallanlagen am Fleischertor (Innentor). Sepia von Anton Heinrich Gladrow, 1832

und fing bald an sich in den Garten zu verfügen, wo einige den Altan [am Schießwall] besetzten, andre promenirten und plauderten und andre sich in einer Laube um einen hereingehohlten Glashändler versammelten, um ihr Glück zu versuchen.
Endlich gegen 8 Uhr begab sich die Gesellschaft wieder nach dem Hause zurück, um von daraus den Einmarsch [der Schützen] anzusehen, einige zogen aber den Wall hiezu vor.

Theodor Ziemssen, 1805

auch die öffentlichen Spaziergänge fehlen nicht; ein solcher ist gebildet aus den alten Stadtwällen, heiter und angenehm. Hier sah ich am Sonntag Nachmittag einen Haufen Menschen aus dem Volk und den Honoratioren der Stadt beiderlei Geschlechts umeinanderwimmeln, im allgemeinen fröhliche Gesichter, bisweilen schöne...

Per Daniel Amadeus Atterbom, 1817

Die nächsten Umgebungen sind durch Anlagen anmuthig gemacht. Die ehemaligen Festungswerke sind grossentheils abgetragen und durch Baumpflanzungen zu angenehmen Spaziergängen umgeschaffen. Die Stadt bildet ein Parallelogramm, dessen kleinere Seiten gegen Morgen und Abend gerichtet sind. Um die längere südliche Seite, wo der Hauptwall ziemlich erhalten ist, gewährt eine größtentheils aus Linden bestehende Allee im Sommer Schutz vor den Sonnenstrahlen, im Winter vor den Nordwinden. Eine weite Aussicht von dem Walle entzückt das Auge. Um ihn zieht sich ein breiter Graben mit hellem tiefen Wasser, auf welchem zahme Schwäne spielen. Auf der westlichen Seite am Fettenthore, wo die Allee aufhört, tritt man in die sogenannte englische Anlage, die aus Rasen, Blumenfeldern und verschiedenen Gruppen mannigfaltiger Holzarten besteht und mit Geschmack angelegt ist. Auf der nördlichen Seite derselben übersieht man von einer mit Linden bepflanzten Höhe weithin üppige Wiesen, durch welche sich der Rickfluss schlängelt, in der Ferne begrenzen Waldungen und Dörfer die Landschaft. Unmittelbar führt aus dieser Anlage eine junge Lindenallee auf der Nordseite der Stadt bis zum Steinbecker Thore, welches nach Stralsund gerichtet ist. Von da geht man über das sogenannte Bollwerk, zwischen der Stadtmauer und dem verplankten Flussufer bis zur nördlichen Spitze der Stadt, wo der Wall, früher ebenfalls mit Bäumen bepflanzt, jetzt geebnet ist und zur Anlage eines ähnlichen Lustgartens, wie der auf der westlichen Seite, eingerichtet wird.

Peter Friedrich Kanngießer, 1821

adtmauer mit Altan des Konzert-
ırtens am Schießwall. Aquarell von
Johann Martin Giehr, nach 1845

Stadtmauer am Lindenwall mit
Wiekhaus und Mauerpförtchen.
quarell von Johann Martin Giehr,
nach 1845

Giftbude (Sparagnapani) am Lindenwall. Zeichnung von Carl August Menzel, Lithographie von Ludwig Eduard Lütke, um 1850

Lustzuwandeln, ihr Herr'n in eurer Pflanzung, verdreußt uns!
Schleicht doch der Zerberus
stets hinter dem Wandelnden her!

Herzlich verlangt mich zu stehn
auf dem lindenumrungenen Erdwall
und in des Abendroths heilige Flammen zu schau'n!

Ludwig Gotthard (Theobul) Kosegarten, 1824

Man muß einräumen, daß in Deutschland das Gefühl für das Schöne sehr entwickelt ist... in Greifswald hat man sich der alten Wälle und Gräben, die zu Zwecken der Verteidigung geschaffen waren, zu bedienen und Vorteil daraus zu ziehen gewußt. Ein schöner Baumgürtel umgibt die Stadt, und schöne Gärten sind an den Stellen geschaffen, die noch vor nicht langer Zeit scheußliche Sümpfe waren. Der eine von ihnen ist das Werk eines Universitätsprofessors, des Dr. Münter. Die Bäume und Rasenflächen der Wälle ziehen uns an, und wir gehen dort spazieren in der Frische des Schattens. Man trifft um diese Stunde viele Studenten...

Jean Pierre Rousselot, 1894

hatte es längst schon, dem Beispiel anderer Städte folgend, seine Umwallung in einen erhöhten, mit Bäumen bepflanzten Promenadenweg umgewandelt. Unterhalb dieses friedlichen Walles sind dann vor Jahren schon unter Leitung des vortrefflichen Professors Münter, der 1885 als Direktor des Greifswalder Botanischen Gartens gestorben ist, anmuthige Anlagen hergestellt worden, die in der letzten Zeit sehr vermehrt und erweitert worden sind. Diese Anlagen sind mit großem Geschick angelegt und ganz allerliebst. Dazu liegen sie geschützt vor dem, wie Jedermann weiß, fast unaufhörlich in Greifswald wehenden kühlen Winde...

Johannes Trojan, 1895

Auch die Stadt war kaum wiederzuerkennen: von ihrem blühenden Wall mit Flieder, Jasmin und Goldregen eingehegt, lockte sie immer wieder zum Schlendern zwischen diesen Büschen oder am Ryck entlang, der sie mit dem Bodden verband.

Willi Hellpach, 1895

Von der Erhöhung in der Nähe der damals schon bestehenden Giftbude hatte man einen weiten ungehinderten Blick in das vorliegende Gelände und konnte die Schönheiten der neuvorpommerschen Tiefebene voll und ganz auf sich wirken lassen. Dies galt besonders für die Sonnenuntergänge im ersten Frühjahre und im Herbst. Der Binnenländer macht sich nur schwer eine Vorstellung von der Farbenpracht, die die scheidende Sonne dann am Himmel hervorzaubert.

Hugo Schulz, 1926

In dem Gelände zwischen der alten Stadtmauer, dem Stadtgraben und dem Ryck befanden sich seit altersher gutgehaltene gärtnerische Anlagen; sie wurden erst später durch den Karpfenteich auf der anderen Seite des Stadtgrabens ergänzt. Der ältere Teil enthält einen Goldfischteich, daneben eine kleine Anhöhe, deren Gipfel wohl einen halben Meter über den Spiegel des Teiches emporragte. Außerdem waren einige Findlinge aufgestellt, Zeugen der Eiszeit, durch deren Gletscher sie einst aus Skandinavien in die norddeutsche Tiefebene verschleppt wurden.
Diese Anlagen wurden einst von Studenten durch eine Inschrift geziert:
»Das Publikum wird sehr gebeten,
die Berge hier nicht abzutreten.
Auch Hunde dürfen hier nicht laufen,
damit sie nicht den See aussaufen.
Steckst du dir einen Felsen ein,
das würde schwerer Diebstahl sein!«

Albrecht Peiper, 1967

Schützenfest auf dem Schießwall. Zeichnung von Carl August Menzel,
Lithographie von Ludwig Eduard Lütke, um 1850

Der Bahnhof

Als der Zug in Greifswald einlief, in schwarzer Nacht und in grauem Regen, sah ich mich --- nein, der Regen überfiel mich auf einem matterleuchteten Bahnsteig, über den der Wind ungehemmt hinwegfegen konnte, weil keinerlei Wände und kein Dach ihm und seinem Gefährten, dem Regen, wehrten. Nur wenige Passagiere verließen mit mir den Zug. Eine Minute hatte der D-Zug Aufenthalt in Greifswald ... Ich nahm meinen Koffer auf und ging auf einige Lichter zu, die – wie sich dann herausstellte – zu dem trostlosesten Bahnhofsgebäude gehörten, das ich je gesehen hatte. Nachdem ich das Bahnhofsgebäude verlassen hatte, stand ich sofort vor neuer schrecklicher Öde, vor einem großen Platz, dessen rundes Kopfsteinpflaster im nassen Regen und im fahlen Schimmer der wenigen Laternen glänzte. Nur in der Ferne konnte man Häuser ahnen ...

--- Sehnsuchtsvoll gedachte ich der hellen und breiten Straßen Breslaus, wenn ich im Winter durch Greifswald nach Hause ging ...

In unserem Leben spielten die »Schwedenzüge« eine große Rolle. Sie hielten bei uns genau für eine bedeutungsvolle und verheißungsvolle Minute an, dann zog die Lokomotive an, und sie fuhren weiter, Gott sei Dank, sie fuhren auch nach Berlin ...

Ferdinand Sauerbruch, 1905

Wen das Geschick im letzten Jahrzehnt vor der Jahrhundertwende vielleicht gar an einem trüben Herbsttage, nach Greifswald führte, den konnte wohl eine Gänsehaut überlaufen bei der Aussicht, längere Zeit an diesem Ort weilen zu müssen: eine langweilige Kleinstadt in flacher, langweiliger Umgebung, öde, leere Straßen, zwischen deren Steinen teilweise noch Gras wuchs, Menschen, die sich mit Steifheit, Würde und Ehrbarkeit bewegten, als einziger bemerkenswerter Schmuck an ein paar Häusern graue Gedenktafeln für hochgelahrte oder sonstwie wohlverdiente alte Herren, deren Bekanntschaft man leider bisher nicht gemacht hatte – und sonst nichts ...

Dennoch – diese ersten Eindrücke und Erlebnisse trogen. Sie waren Oberfläche. Das eigentliche Wesen lag tiefer. Es offenbarte sich nicht dem flüchtigen Beobachter, sondern stieg langsam empor aus verborgenen Untergründen, scheu und doch stark, wie alles in diesem verschlossenen, herben nordischen Land.

Wer mit der Bahn von Berlin kam, wo Wald und Felder in der flachen Ebene

Vorpommerns zu verrinnen scheinen, gewann den Eindruck großer Eintönigkeit. Höchstens daß zu Dutzenden, auf jedem kleinen Hügel, Windmühlen ragten. Aber nach Norden, über dem Ryck, trug die Landschaft anderen Charakter. Da dehnten sich Wiesen und Moore, Riedgras und Buschwerk beherrschten feuchtes Brachland, dazwischen braune Felder, im Hintergrund von Wald begrenzt – und alles von leichtem Nebel verhängt. Eine unendliche Schwermut ruhte auf diesem Land, und dennoch fühlte man in der Tiefe ein unaufhörliches Brodeln und Weben, das ewige, sich immer wiederholende Sterben und Werden ...
Es ist auch sicherlich kein Zufall, daß eine so auffallende Menge bedeutender Persönlichkeiten ihr ganzes Leben oder den größten Teil ihres Lebens freiwillig in der weltfernen, wenig an mondänen Reizen und an Abwechslungen bietenden Stadt verbracht haben. Und es ist kein Zufall, daß so viele Große unserer Wissenschaft ... von Greifswald ihren Ausgang genommen haben oder doch die Alma mater in den entscheidenden Jahren ihrer Entwicklung gekreuzt haben. Ich glaube, es war der starke und dabei fröhliche Geist, der alle fortriß, und gegenseitig ansteckte, das seelisch-geistige Schwingen, nicht bloß innerhalb des eigenen Arbeitskreises, sondern im Rahmen der Gesamtfakultäten. Es war jener Geist der Universitas literarum, wie er nur im engen Lebensraum der kleinen Universität in wechselhafter Befruchtung wachsen kann ...

Theodor Malade, 1910

Es war ein eigentümlicher Reiz, der jeden bei längerem Verweilen in Greifswald gefangen nahm. Als ich die Stadt an einem nebeltrüben Herbsttage des Jahres 1922 während der Semesterferien erstmals aufsuchte und die von Studenten entvölkerten Straßen durchstreifte, war ich bitter enttäuscht und konnte es kaum fassen, daß ich hier noch mindestens zwei Jahre zubringen sollte. Ich war schönere Universitätsstädte gewöhnt ... Und jetzt dieses kleine, anscheinend nichtssagende Städtchen, das zudem alles vielleicht Bemerkenswerte hinter einem grauen Schleier und einem unangenehmen Nieselregen verbarg!
Man muß halt einige Zeit in Gryps zugebracht haben, um seine Reize zu erkennen. Es ist eine typische pommersche Kleinstadt, und wie die norddeutsche Landschaft ihre Schönheiten erst dem Suchenden zu offenbaren pflegt, wie der norddeutsche Mensch im Allgemeinen zunächst herb und verschlossen wirkt, so mußte man auch in und mit Greifswald vertraut werden. Dann aber nahm einen das Musenstädtchen mit seinem vielgestaltigen, gemütlichen Treiben, seinen Türmen und Anlagen, den Ausflugsorten Wieck und Eldena und der nahen See ganz gefangen, und ich kenne niemanden,

der seine Greifswalder Studentenzeit missen möchte. »Und mein Greifswald Lob vor allen ...« ...

Otto Berg, 1922

Der Bahnhof. Lithographie von Robert Geissler, 1869

Notdürftig war der Platz vor dem Bahnhof erleuchtet, als ich um Mitternacht eines Februartages des Jahres 1910 in die winterliche Kälte hinaustrat. Rauhreif bedeckte die mächtigen Baumgruppen davor, und ich hatte fast den Eindruck, mitten im Walde aus dem Zug gestiegen zu sein. Eine Droschke, die mir wie aus Großvaterszeit vorkam, nahm mich auf und stockerte mich über das ungewohnte Katzenkopfpflaster, das hier bodenständig zu sein schien, bis ich vor dem »Hotel de Prusse« haltmachte. Während der Fahrt waren ein paar große mächtige Giebelhäuser aufgetaucht und wieder verschwunden. Ein Windstoß pfiff mir um die Ohren, als ich den Schaukelkasten verließ und für einige Minuten neben dem Bock stand und der vermummten Gestalt hoch oben einen Taler zum Wechseln hinaufreichte. Die Fahrt in Gogols »Toten Seelen« fiel mir ein. Aber ein Gemurmel von oben ließ mich nicht weiter zum Nachdenken kommen; es hieß wohl: »Denn goden Nacht ook, Dokting«...

Adolf Kreutzfeldt, 1910

Die Universität

[Einweihung des Universitätsgebäudes] 28. April 1750

Am 27. April luden Vormittags die Akademischen Pedellen mit den Zeptern sämtliche Gelehrte zur Anhörung der solennen Rede ein; und Nachmittags fuhren zwey der Herren Adjuncten und zwey Doctores als Marschälle herum, die vornehmsten Dames der Stadt und angekommene Fremde von Distinction zur Theilnehmung an den übrigen Vergnügen des folgenden Tages zu erbitten. Der Einbruch desselben ward des Morgens um 7 Uhr mit dem größten Geläut der Stadt kund gemacht, und um 9 Uhr versammleten sich unter beständigem Schall der Musik die gegenwärtigen Glieder der Königlichen Hochpreislichen Regierung, die Herren Curatores der Akademie, die sämtlichen hiesigen Collegia, auch fremde und übrige Gelehrte in dem Hause des Herren Rectoris Magnifici, und wurden daselbst mit einem Tractament, nach Beschaffenheit der Tageszeit, empfangen. Von hier ging die ansehnliche Versammlung, mit Vortritt des Rectoris Magnifici in seinem Ornat, processionsweise unter Geläut der Glocken nach dem grossen Hörsaal des neuen Gebäudes, alwo bereits verschiedenen Dames von Stande die für sie bereitete Loge und Stellen eingenommen hatten. Die sämtlichen Herren Studiosi, welche ihre Versammlung in der Nicolai Kirche gehabt, schlossen sich gleichfalls processionsweise an. Sie wurden von dem jungen Herrn Baron Löwen, einem Sohn Sr. Excellenz des Herren Reichs-Raths, General-Gouverneurs und Hochwürdigsten Canzlers dieser Akademie, mit entblößtem Degen und von vier Marschällen mit rothen gezierten Stäben, in zweyen Chören aufgeführet. Beym Eintritt erschallten Paucken und Trompeten und nachdem ein jeder seine Stelle eingenommen, ward eine zu dieser Handlung verfertigte deutsche Cantate musicalisch aufgeführet. Der Professor der Beredsamkeit und Dichtkunst, Herr Carl Johann Kielmann, bestieg zum ersten mal die neue Catheder, und that der Erwartung des illustren und zahlreichen Auditorii in einer wohl ausgearbeiteten lateinischen Rede ... ein Genüge. Die Aufmerksamkeit des Auditorii beschäftigte sich noch mit den rührenden Bildern von diesem allen, als ein unvermutheter Auftritt dieselbe aufs neue forderte, und um so viel mehr verdiente, je seltener er in seiner Art ist, und je schöner er für die Freude dieses Tages war. Eine junge gelehrte Dame, die Fräulein Anna Christina Ehrenfried von Balthasar, eine Tochter des Herren Consistorial-Direktors und Professors von Balthasar, trat nach geendeter Rede des Herrn Prof. Kielmanns auf die Catheder, und zog die Bewunderung aller Gegenwärtigen auf sich, da sie, nach einigen munteren Freudenrufen und dazwischen stimmenden Paucken- und Trompetenschall, eine Lateinische auf die Feierlichkeiten gerichtete Rede mit so vielem Anstand, Freymüthigkeit und vollkommener rednerischen Fertigkeit ablegte, daß die Zuhörer durch das ausnehmende in allem auf die angenehmste Art gerühret wurden ... Die ganze Handlung ward nach 12 Uhr mit dem Te Deum Laudamus geschlossen. Die Chöre der Herren Studiosorum giengen aus dem Auditorio Processionsweise wieder vor das Haus des Herren Rectoris Magnifici, liessen die vornehmen Fremden durch ihre getheilten Glieder fahren, und schieden mit einem frohen Vivatgeschrey auseinander.

Der Nachmittag und übrige Theil des Tages war zu einem öffentlichen Ball und anderen Arten des Vergnügens bestimmet ... Zu dem Ende ward das größte Auditorium, darinn des Morgens die öffentlichen Handlungen vorgenommen worden, durch Wegräumung dessen, was hinderlich seyn konnte, zu einem Tanzsaal bereitet ...

Auch die übrigen Auditoria waren zu Divertissements in Spielen und andern Ergötzlichkeiten ausgeräumet. Nach drey Uhr geschahe die Abholung der eingeladenen Fremden und einheimischen Personen beiderley Geschlechts. Die Dames versammleten sich in dem Tanzsaal, und in allen Zimmern ward unter Musicalischen Concerten Caffee, oder was einem jeden angenehm seyn konnte, gereichet; bis die ansehnliche und zahlreiche Gesellschaft von denen vornehmsten Gegenwärtigen den Ball eröffnet sahe, und ein jeder deren Beyspiel folgte, an dem Vergnügen auf die munterste Art Theil zu nehmen. Um neun Uhr Abends ward die Gesellschaft auf die Bibliothek geführet, auf deren freyem Platz eine Tafel von fünfzig Couverts mit Speisen, Confitüren, und beybringlichen Erfrischungen angerichtet, und verschiedene Nebentische gesetzt waren. Man soupirte hier mit einer Freyheit und einem ungezwungenen Wesen, das einem jeden gefallen mußte ... Nach aufgehobener Tafel ward der Ball fortgesetzet und erst gegen Morgen geschlossen, da sich diese Feierlichkeiten mit einer allgemeinen Zufriedenheit endigten ...

Der Herr Prof. Mayer, dessen geschickter Anlegung und Anordnung das neue Gebäude seine Schönheit zu danken hat, fand ... einen vorzüglichen Grund, nach der Einweihung zuerst die Catheder zu betreten ... Die Versammlung geschahe um 10 Uhr im kleinen Auditorio. Beym Eintritt in das grosse ward eine lateinische sapphische Ode musikalisch aufgeführet, und der Herr Prof. redete lateinisch ... Nachdem er diese Rede geschlossen hatte, so verband er mit dieser Handlung als Decanus der Philosophischen Facultät eine andere, die so neu, als den noch regen Vorstellungen des vergangenen frohen Tages gemäß war. Er sahe die geschickte Rednerinn, die bey der Einweihung dem Auditorio so viel Vergnügen erwecket hatte, unter den Dames, welche diese Handlung mit ihrer Gegenwart beehreten, vor sich....

Als Decanus war er berechtiget, hierauf ein öffentliches Zeugniß der Hochachtung seiner Facultät, für Meriten an einem jeden Geschlecht, folgen zu lassen, und er bewies sie, da er dieser geschickten Dame die erste Philosophische Würde ... beylegte, und sie öffentlich zur Baccalaurea in der Weltweisheit und freyen Künsten proclamirte.

Johann Carl Dähnert, 1750

... ist dieses kostbare Gebäude in Zeit von anderthalb hundert Jahren dergestalt schadhaft geworden, daß die unumgängliche Noth erforderte, nach vorgängigen Deliberationen und angestellten Besichtigungen, eine gänzliche Niederreissung und Aufführung eines ganz neuen Gebäudes von Grundaus zu resolviren ...
Von der jetzigen Einrichtung und den in- und äusserlichen Splendeur dieses Gebäudes ... etwas zu sagen, halte nicht Noth zu seyn, weil denen Einheimischen solches vor Augen, und, nach der darüber waltenden Vorsicht des Allerhöchsten,

Andreas Mayer. Porträt von Gabriel Spitzel, 1741

nicht anders denn mit dem Ende der Welt seinen Untergang finden wird ... [Der Renaissance-Bau]. Ich sage nur in der Kürze so viel, daß es eine Zierde und Lüstre unsers Landes sey, welches darin nicht seines gleichen finde ...

Augustin von Balthasar, 1750

[Universitäts-Jubiläum, 1756] Vom letzten Festtag. (21. Oktober)
Unter der Schluß-Musik verfügten sich die Herren, welche einen Bal und andere Vergnügungen in dem geräumigen Evertschen Hause, am grossen Markte veranstaltet hatten, im voraus dahin. Die dazu eingeladenen Fremden, die vornehmsten Dames der Stadt, und die Herren von den hiesigen Collegien, wurden nebst den übrigen erbetenen in Carossen abgeholet, und die sehr zahlreiche Assemblee mit einem anständigen Tractament mit Caffee, Wein und Confituren empfangen. Nach 5 Uhr Abends ward der Bal eröfnet, und bald darauf sahe man den oberen Theil dieses Hauses auf eine schöne Art illuminiret. An der Mitte desselben brannte in einer grossen Einfassung das Königlich-Schwedische und Herzoglich-Pommersche Wapen, neben welchem die Fenster der Tanz- und Versammlungs-Zimmer mit Wachskerzen erhellet waren. In der Reihe darüber erschienen zwischen abwechselnden Lampen-Pyramiden und Quadraten drey Gemählde mit sinnreichen Hieroglyphischen Fürstellungen der Akademischen Wolfahrt ... Um 8 Uhr verfügte sich die Gesellschaft nach und nach an eine in einem besonderen Zimmer angerichtete Tafel. Die ausnehmende Politesse der Herren Wirthe, und die reichlichen Veranstaltungen, unterhielten unter der Menge der Gegenwärtigen eine einnehmende Zufriedenheit, bey der so wenig Freyheit und Anstand, als die Reihe der abwechselnden Ergötzungen, durch irgend etwas verletzet ward. Eine wahrhafte Ehre für unsere Herren Studirenden: daß sie, wie bey andern, so bey dieser freudigen Gelegenheit, ein Beyspiel gewesen, wie gesittet unsere Zeiten gegen jene verstrichene sind, da die Lustbarkeiten der Musen-Söhne insgemein etwas schüchterndes für die ehrbare Welt hatten. Die mit beständigen Erfrischungen mancherley Art abwechselnden Lustbarkeiten nahmen erst mit dem anbrechenden Morgen, und doch nicht ohne Widerstand der erfreueten Gesellschaft, ein Ende.

Johann Carl Dähnert, 1756

Zudem war Meyer (Mayer) ein besonderer Liebling beym Curator, in seinem Fache ein geschickter Mann, brillant witzig, nur etwas übereilt. Den vorzüglichsten Unwillen der Gegenparthey habe Meyer (Mayer) sich dadurch zugezogen, daß er durchsetzte, das alte academische Gebäude solle niedergerissen und ihm selbst die

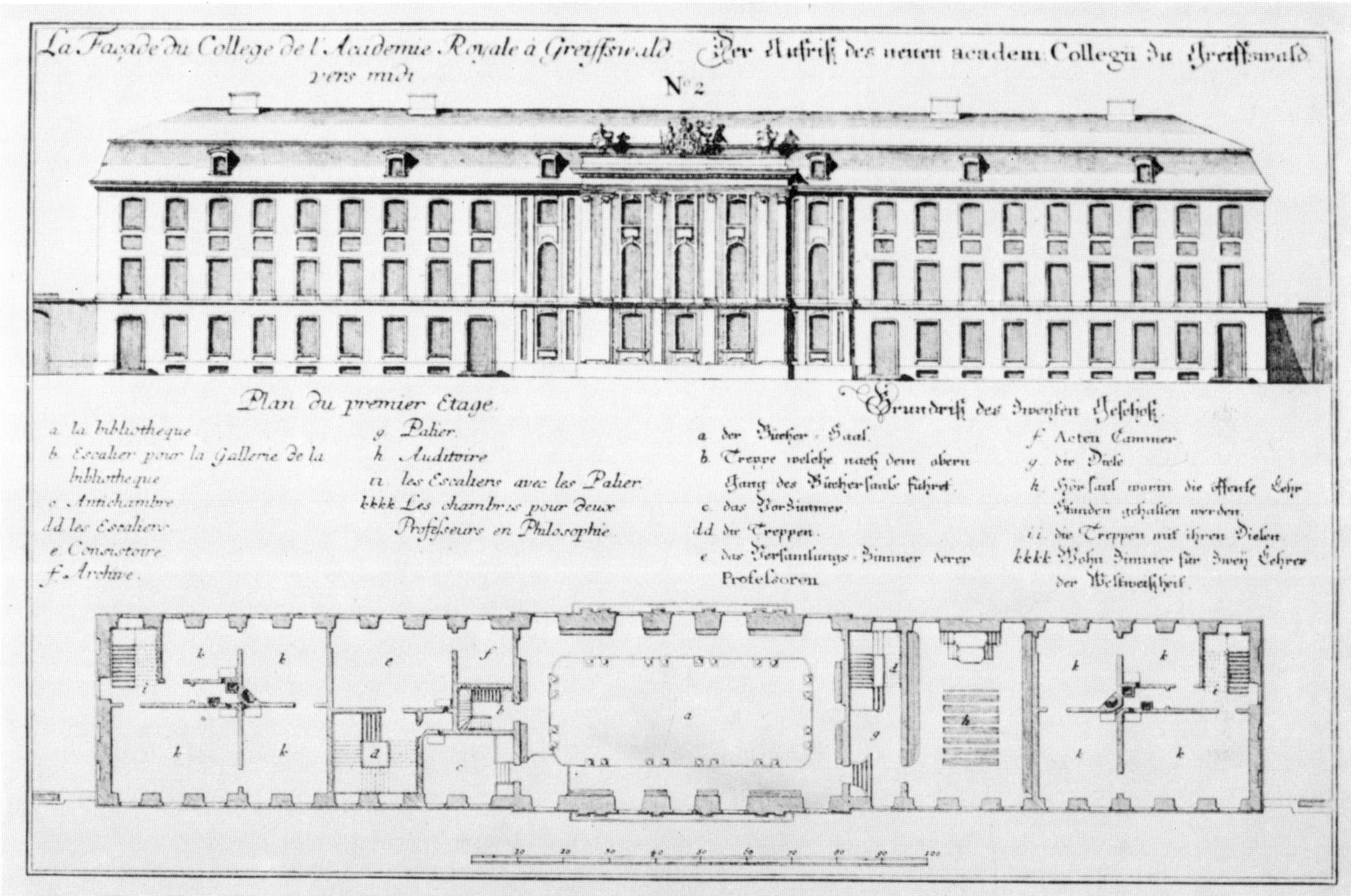

Aufriß des Universitätsbaues. Kupferstich von Martin Engelbrecht, 1750

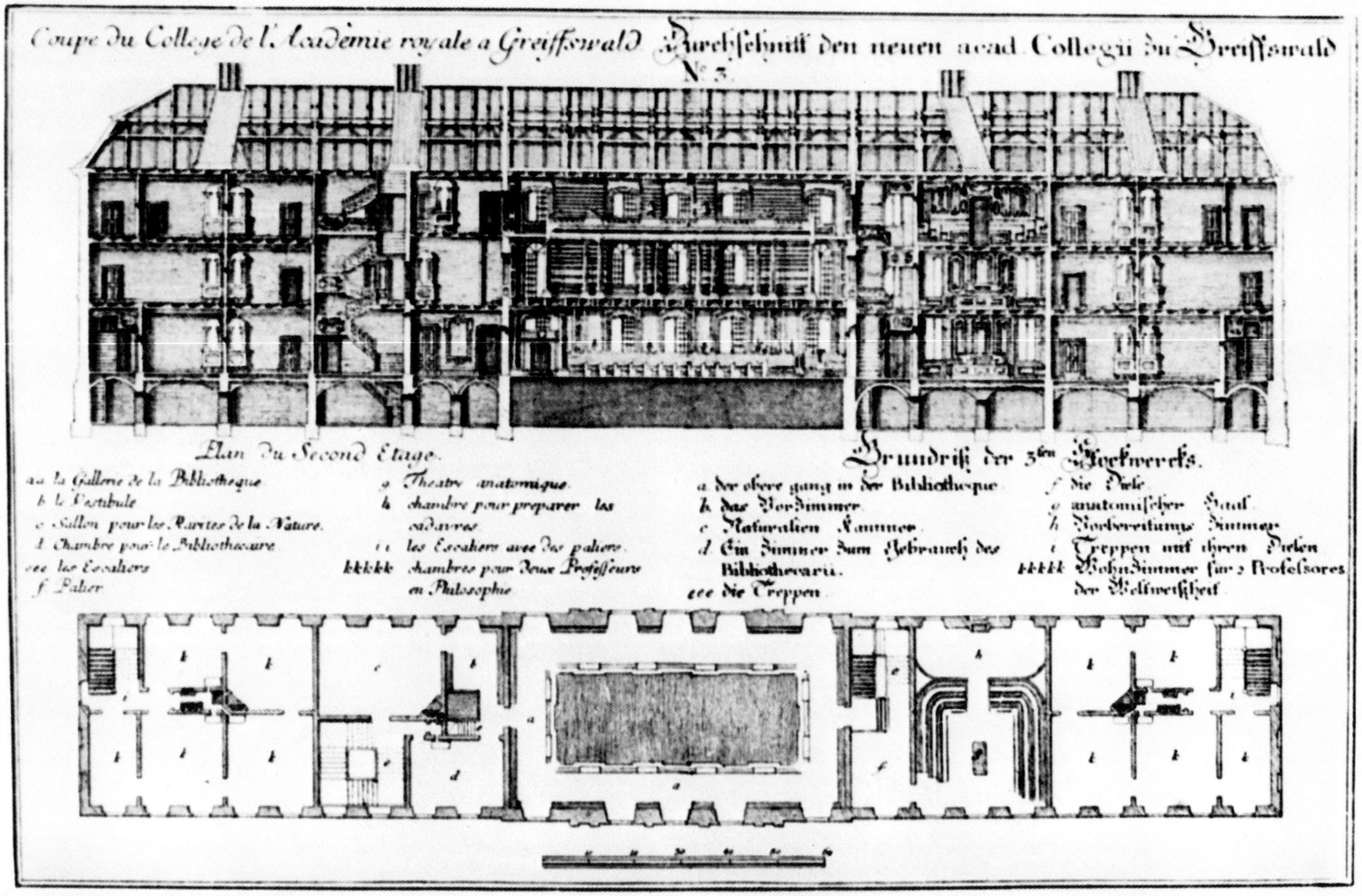

Aufriß des Universitätsbaues. Kupferstich von Martin Engelbrecht, 1750

Direction des neuen Baues übertragen werden. Hier möge er wohl etwas herrisch verfahren haben und seinen eigenen Ideen zu sehr gefolgt seyn. Den übrigen Herren Professoren wären die Kosten des Baues übertrieben vorgekommen. Meyer (Mayer) habe sich an nichts gekehrt, immer geantwortet, dergleichen Dinge verstünden die Herren nicht, und so schließlich doch immer den Sieg davongetragen.

Johann August Kriebel, 1760

Der Bau des neuen Collegienhauses ward freylich kostbar, und eine Ursache des nachherigen Schuldenstandes, indem vor demselben das Amt Eldena Schuldfrey, und noch 120 00 Rthlr. ausstehendes Capital da waren. Es war aber nicht die alleinige Ursache, sondern der Bau kostbarer Wohnhäuser in der Stadt, und Höfe auf den gelegten Dörfern, und nachher Unglücksfälle, welche die Pächter der Zeit nicht übernommen hatten, trugen das ihrige dazu mit bey. Überdem war die Stimmenmehrheit des Collegii gegen einen so kostbaren Bau, aber das Mitglied, so ihn vorschlug, ward höheren Orts unter stützt, wo man freylich auch nicht glauben mochte, daß dieser Bau so hoch kommen würde, und das Concilium mußte leiden, was es nicht hindern konnte, kann also hierüber keine Vorwürfe verdienen. Am Ende gab denn doch dieser Bau wiederum Gelegenheit, einen bessern Geschmack in der Baukunst hier zu Lande zu verbreiten, und ward dadurch dem Lande nützlich. Eben so wenig kann die Wahl des Orts der Academie zur Last fallen, da es auf der Stelle angeleget ward, wo das Collegiengebäude gestanden hatte, dessen Fundament zur Ersparung mit genutzet ward. Überdem besaß die Academie keinen gelegeneren Platz dazu, und ist dieser auch so unschicklich nicht, da die hinteren Gartenplätze, als der vor demselben liegende freye Platz, bey einem großen Gebäude sehr wohl schicklich sind. Daß dieser letztere wüste liegt und zuweilen dem Stadtviehe zum Ruheplatz dienet, ist nicht die Schuld der Academie; diese wollte denselben zur Reitbahn und anderen Anstalten anständig einrichten, aber die Stadt widersprach, weil ein Theil desselben in ihrem Catastro stand, und so mußte er ungenutzt liegen bleiben.

Christian Ehrenfried von Weigel, 1787

Das schönste ist das akademische Gebäude. Es macht auf einem großen freien Platze einen äußerst angenehmen Eindruck, ist drei Stockwerke hoch und hat noch Zimmer im Dache. Am Frontispice prangt das schwedische Wappen. Noch vortheilhafter würde es sich ausnehmen, wenn es ein schönes großes Portal hätte und die vier Thüren, die an den Seitenflügeln hineinführen, nicht gegen die Größe des Ganzen zu sehr verschwänden. Der große Hörsaal in dem unteren Stockwerke ist seiner

Bestimmung zu den glänzendsten akademischen Feierlichkeiten vollkommen würdig... Außer dem gefälligen Ansehn hat dieser Hörsaal noch das Eigenthümliche, daß eine Loge darin vorhanden ist, in welcher Damen oder Standespersonen, die bei Feierlichkeiten gegenwärtig seyn wollen, von den übrigen Zuschauern abgesondert sind. Über dieser Loge ist eine Gallerie, wo die Musici stehen, wenn Tonstücke das Fest verherrlichen.

Johann Friedrich Zöllner, 1795

Das Universitätsgebäude ist sehr schön, aber noch mehr übertrifft es der darin befindliche Hör- und Bibliothekssaal. Dieser ist würklich imponirend und prächtig. Unten ist das Auditorium, und oberhalb desselben läuft eine Gallerie herum, welche von corinthischen Säulen getragen wird, die dunkelroth marmorirt, und am Knauf verguldet sind. An den Wänden der Gallerie, in den Fensternischen, und selbst auf der Brustlehne derselben sind die Bücherrepositoria angebracht. Rundumher stehen Büsten und Statuen. Die Bibliothek wurde mir von meinem Führer sehr gelobt, doch gestand er, daß sie im Fache der schönen Wissenschaften nicht sehr reich wäre. Die

Universitätsgebäude

Transactions zeigte man mir vollständig als eine Seltenheit, von denen nach Deutschland wenig vollständige Exemplare sollen gekommen seyn. Übrigens ist diese Universität mit Stipendien sehr dotiert. Alle Waaren, die der Student braucht, findet man in Menge dort; die Stadt hat eine angenehme Lage und Nachbarschaft, es ist also würklich befremdend, daß diese Academie so wenig besucht ist.

Johann Karl Friedrich Rellstab, 1797

Unter den hiesigen Gebäuden zeichnet sich das akademische Kollegiengebäude vornehmlich aus, das eines der besten in ganz Deutschland ist. Die Universität hat 15 ordentliche Professoren, wovon 6 allein zur philosophischen Fakultät gehören, eine Bibliothek von etwa 24000 Bänden, einen botanischen Garten und ein astronomisches Observatorium. Im Jahre 1787 betrugen die Einkünfte der Universität 25988 Thaler und die Ausgaben 20307 Thaler.

Bericht eines Reisenden ..., 1791

Universitätsgebäude. Stahlstich um 1840, bei Girscher, Stralsund, erschienen

Universitätsgebäude mit Nikolaiturm. Stahlstich von Johann Friedrich Roßmäsler, 1836

Grypsiade 2. (1856)

Mitten in dem Blumenflor
einer spät vertuschten Wildnis
wohlumgittert ragt empor
Rubenow, dein Ehrenbildnis.

Jüngst errichtete man dies
viertem Säkulargedächtniß,
und dem fünften überwies
sich das neue Kunstvermächtniß.

Abendlich ergehen dort
sich im Grünen viel Beschauer
und berühmen fort und fort
sachverständig den Erbauer.

Adolf Häckermann, 1856

Universitätsgebäude mit Rubenowdenkmal.
Lithographie von Robert Geissler, 1869

....

So setze nun aus Pflicht die schwache Feder an
Und suche Greiffswald noch der Sonnen zu vergleichen;
Nur wünsche/ daß ich möcht des Lesers Zweck erreichen/
Damit er sein Begehr in etwas stillen kan.
Gleichwie der Sonnen-Licht und ihr beflamter Schein
Das gantze Himmels-Heer muß völliglich begläntzen;
So muß uns Greiffswald auch den Mangel offt ergäntzen
Und kan mit gutem Recht der Pommern Sonne seyn.
Denn ihre Sonne ist ihr himmlischer Verstand/
Des Landes Weisen sind der Außbund ihrer Strahlen/
So wie die Sonne selbst der Pommern Himmel mahlen.
Hie werden Prediger und Richter ausgesandt/
Die vor der Wissenschafft von Gott und seinem Wort/
Die für der Themis Kunst und ihres Landes rechten
Zusammt der Billigkeit auffs eyffrigst können fechten:
Hie gläntzet Socrates, ein Theophrastus dort.
Da steiget der im Geist den Himmel ab und auff/
So nicht ermüdet wird dem Tycho nach zuahmen/
(Ja wie die Meister sonst auch immer haben Nahmen:)
Und mißt durch seine Kunst der schnellen Sternen-Lauff:
Hie wohnet ein Galen und der aus allerley/
Als aus der Wurzeln Krafft/ die er zu rechten Zeiten
Gegraben/ und so fort/ ein Mittel zu bereiten/
Die Seele selbsten zwingt/ damit sie stärcker sey.
Und was in Pommer-Land vor Witz und Wissenschafft
Den Purpur zeigen kan/ das gläntz't mit frembden Lichte
Und gehet allgemach zu drümmern und zu nichte/
So bald die Sonne ihm entzogen ihre Krafft.

...

Nach diesem melden uns die Bücher von der Welt/
Daß oft die Sonne gleich't dem Meer mit seinen Wellen/
Aus welchen Rauch und Dampff in großer Menge qvellen
Und daß Sie beydes Rost und Flecken in sich hält.
Doch wenn die kühle Lufft der großen Brunst gebeut/
So wirfft ihr güldnes Haupt hinwieder helle Strahlen
Und weiß den Erden-Kreiß gantz lieblich zu bemahlen/
Es wird hinwiederum der Sonnen Glantz erneut.
Der Pommer Sonnen-Licht wird vom bewolckten Geist
Der Jugend ebenfalls voll Schatten/ voller Flecken/
So lang ihr frecher Muth in Lastern bleibet stecken
Und wie ein wildes Pferd den Zügel von sich schmeiß't
Biß daß die Besserung/ die Folgerin der Zucht/
Die lichte lohe Gluht der Jünglingschafft gedämpffet/
Biß daß/ nachdem das Gifft mit süsser Milch gekämpffet
Die Tugend allen Fehl getrieben in die Flucht.

Heinrich Daniel Bartels, um 1700

Universitätsbibliothek im Hauptgebäude. Ursprüngliche Form von 1750.
Kupferstich von Franz Conrad Krüger, 1775

... das Jubelfest ihres 400jährigen Bestandes so glänzend und vor allem so herzlich zu feiern, wie wir es soeben getan haben. In Wahrheit jedoch hat unsere Hochschule noch andere und wesentlichere Ansprüche, die nicht nur ihre Erhaltung rechtfertigen, sondern durch die ihr auch für alle Zeit ein Ehrenplatz in der Geschichte der deutschen Wissenschaft und Bildung gesichert bleibt. Neue geistige Bewegungen freilich, die in ihrer Fortentwicklung ganz Deutschland ergriffen hätten, sind von hier niemals ausgegangen ... Aber dessenunerachtet ist Greifswald in der Geschichte der deutschen Bildung doch nichts weniger als überflüssig oder unfruchtbar gewesen.
... Diesen ebengeschilderten Charakter hat nun auch unser Jubelfest getragen: den Charakter der Selbständigkeit, der Gemüthlichkeit und Einigkeit. Anderwärts mögen dergleichen Feste mit größerer Pracht, mit mehr Aufwand und Luxus gefeiert werden ... aber inniger und herzlicher ganz gewiß nicht. Hier war nichts von jener büreaukratischen Vornehmheit, nichts von jener pedantischen Zurückhaltung, welche dergleichen akademische Feste so leicht annehmen, besonders in jüngster Zeit und in Preußen. Es waren Gelehrte, die das Jubelfest ihrer Universität begingen, aber Gelehrte, die sich zugleich als Bürger, als Männer fühlten, denen über ihren Büchern das Auge nicht stumpf, das Herz nicht kalt geworden, die zu Ehren ihrer gelehrten Republik nicht ihr politisches Bürgerrecht, nicht den Gedanken des Vaterlandes, nicht die Liebe zu Preußen und Deutschland aufgegeben.

Das Greifswalder Jubelfest, 1856

Mitte Oktober war so himmlisches Wetter, daß sich die bekannten ältesten Leute ähnlicher idealer Herbsttage nicht erinnern konnten. Ein tiefblauer Himmel ... lachte damals über Greifswald; die Sonne schien so warm, daß die Damen in Spitzenmantillen und ausgeschnittenen kurzärmligen Kleidern gingen, die man zu jener Zeit nicht bloß im Ballsaal, sondern auch in der Familie und auf der Straße trug. Wer aus Süd- und Westdeutschland herkam, erfüllt von den damals dort noch herrschenden Vorstellungen über pommersches Klima und pommersche Kulturverhältnisse ... kam aus dem Staunen gar nicht heraus. Solche Herbsttage kannte man ja kaum in Tübingen oder Heidelberg oder Bonn und das Städtchen war doch auch gar nicht so übel. Freilich, die Rinnsteine dufteten nicht nach Rosenöl, aber anderswo war es in der Beziehung nicht besser ... Man konnte mitten auf dem Straßendamm spaziren, ohne durch Wagengedränge, geschweige denn wie heute durch Radfahrer oder Töff-Töffs belästigt zu werden ...
Man reiste damals mit der Post hierher; diese fuhr bei meinem Elternhause vorbei, und wenn man sie kommen hörte, stürzte die ganze Familie ans Fenster und zählte mit Stolz und Staunen die Beiwagen, welche die Hauptpost begleiteten; viele Fremde

kamen mit Extrapost, und Postillone fuhren mit fröhlichem Blasen in die Stadt ein und entzückten klein und groß ...
Den Höhepunkt erreichten die Empfangsfeierlichkeiten am Abend des 16. Oktobers, als der König, der Prinz von Preußen und der Kronprinz ankamen ... Die hohen Herrschaften wurden natürlich in üblicher Weise von sämtlichen Spitzen und einer begeisterten Volksmenge empfangen. Sehr deutlich stehen mir dagegen die meisten Ereignisse der nächsten Tage vor Augen. Zuerst der Festgottesdienst in der Nikolaikirche, zu dem man von einem der akademischen Würdenträger eine Eintrittskarte haben mußte. Ich hatte eine ... Ich konnte den König und die Prinzen eintreten und dem Festzuge voran den Mittelgang hinauf zum Altarchor schreiten sehen ... Die Predigt wurde vom Konsistorialrat Schirmer gehalten, und zwar mit einer Kraft und einem Feuer, die ihm solche, die ihn nicht näher kannten, gewiß kaum zugetraut hatten. Er war eine schmächtige kleine Gestalt und hatte für gewöhnlich das weltabgewandte Wesen eines Gelehrten ... Der Clou, wie es jetzt heißen würde, der gesamten Festlichkeiten, wenigstens für die nicht akademischen Kreise, war die Enthüllung des Denkmals auf dem Rubenowplatz, der bis dahin der wüste Platz geheißen und der Greifswalder Garnison zum Exerzierplatz gedient hatte. Seine herrliche Einfassung von uralten Linden hatte er aber schon damals, und in ihrem

Bibliothekssaal. Lithographie von Robert Geissler, 1869

Schatten war auf der Nordseite eine Tribüne errichtet worden, auf der man für 1 Thlr. preußisch Courant einen Platz erstehen konnte.
Endlich öffneten sich die Türen des Universitätsgebäudes, der König und die Prinzen traten heraus, der akademische Senat... folgten und begaben sich nach dem Denkmal, das noch in graue Leinwand gehüllt war; die Studenten in Wichs mit ihren wehenden Bannern scharten sich in einem Kreis um sie und in angemessenem Abstande davon zahlreiche Vertreter der Bürgerschaft und der Innungen, ebenfalls mit wehenden Fahnen und im höchsten Glanz; dann Musik und Jubelhymne, eine kurze Ansprache des Magnificus... ein Wink des Königs, die Hülle sank...
Auch von dem Riesenkommers, der am Abend in dem Voglerschen Lokal in der Kuhstraße, stattfand, haben die Damen nichts zu sehen bekommen; es war noch nicht Sitte, daß sie bei einem solchen rings auf hohem Balkone im schönsten Kranz saßen und dem studentischen Treiben zusahen. Die Zuschauerschaft bestand aus »Philistern«, unter ihnen viele »Alte Herren«, die sich dem Bierkomment nicht mehr recht gewachsen fühlten, deren Herz aber höher schlug bei dem Anblick der fröhlichen Jugend, deren überschäumende Lust sie an vergangene selige Zeiten erinnerte.
...Jedenfalls sehe ich mich in der Erinnerung zweimal in drangvoll fürchterlicher Enge am Arme meines Vaters auf dem Nikolaikirchhofe stehen, sehe der Fackelschein dunkelrote Glut, sehe den König am offenen Fenster erscheinen, stimme mit ein in alle brausenden Jubelrufe, singe »Heil dir im Siegerkranz«, obgleich ich eigentlich nicht singen kann, und stürze dann dem Fackelzuge nach in die Langestraße... An dem Abend oder an den Abenden der Illumination schwamm die Stadt in einem Meer von Licht, oder es schien uns wenigstens so, denn unser Auge war noch durch kein Gas, geschweige denn durch elektrisches Licht verwöhnt. Wir mußten uns im gewöhnlichen Leben mit Öllampen und Talg- oder Wachslichten begnügen, und wir waren auch bei Illuminationen damit zufrieden. Jedenfalls hatten nicht nur die öffentlichen Gebäude und die Wohnungen der Wohlhabenden ihr Möglichstes getan, auch die abgelegensten Häuser der Vorstädte und die kleinsten in engen Gassen wie die Lappstraße, hatten Fenster und Türen erleuchtet. Besonders hübsch war das Universitätsgebäude, und traumhaft schön ragte der Nikolaikirchturm von einem zweifachen (oder war es ein dreifacher?) Lichtkranz umgeben zum Himmel empor. Alle guten Greifswalder waren überzeugt, daß die Pracht ihrer Illumination selbst von Berlin nicht hätte übertroffen werden können.

Erinnerungen einer Greifswalderin... an 1856, 1906

Wie einst am 17ten October 1456 Bischof Henning von Camin, Bischof Albert von Sidon, die Äbte Laurentius von Pudagla, Matthias von Niencamp, Sabellus von Hilda, der Greifswalder Präpositus Heinrich Bukow, mit dem Caminer und Greifswalder Clerus, und den ersten Lehrern der hohen Schule, dem Rector Heinrich Rubenow ... und anderen, in feierlichem Zuge die Päbstliche Stiftungsbulle in die Domkirche zu Sanct Nicolai führten, um sie in Gegenwart des Landesherrn, Herzogs Wartislav 9. zu eröffnen und bekannt zu machen, so konnten auch wir am 17. October 1856 unter dem Geläute aller Glocken im feierlichen Zuge, von unseren Ehrengästen begleitet, durch die mit Kränzen und Fahnen festlich geschmückten Straßen der Stadt in die Hallen Sanct Nicolai uns begeben, und in Gegenwart unsres Landesherrn, Königs Friedrich Wilhelm, seines hohen Bruders des Prinzen von Preußen, und dessen Sohnes, Prinzen Friedrich Wilhelm, dem Allmächtigen dafür, daß er Heinrich Rubenows gutes und ehrenvolles Werk unter den Stürmen der Jahrhunderte erhielt, unsren demüthigen Dank durch ein: Herr, Gott, dich loben wir! bezeugen, und gedenkend der treuen Männer, welche so oft unter Kampf und Noth ihre Pflicht gegen die Schule, welcher sie dienten, standhaft erfüllten.

Johann Gottfried Ludwig Kosegarten, 1857

Ferienkursus

Die Stunden wurden in der Aula gegeben, wo die feierlichen Versammlungen der Universität stattfinden. Man konnte sich nicht beklagen, daß es dem Ort an Heiterkeit fehlte: dieser große Saal, im letzten Jahrhundert erbaut, mit seiner doppelten Säulenreihe, seinen weiten Galerien, seinen Malereien in Nuancen von Rosa und Weiß, durch Goldleisten noch mehr hervorgehoben, mit seiner Ornamentik von Hermen und Bildern, erhielt offenbar einen ihm ganz neuen Gebrauch. Eine unserer Hörerinnen hatte, als sie eintrat, Lust zu tanzen. Ich, als ich mich in dem großen vergoldeten Lehrstuhl gesehen hatte, der den Hintergrund ausfüllt, umgeben von den alten preußischen Königen und den neuen deutschen Kaisern, ich habe das Bedürfnis gefühlt, den Ton zu heben und die Stimme ein wenig anschwellen zu lassen ...

Jean Pierre Rousselet, 1894

Das Gründungsjubiläum ist am 3. und 4. August festlich begangen worden. Schon Tage vorher hatte das Städtchen sein Aussehen verändert. Die kleinen, sonst schmucklosen Häuser hatte ein rechter Festsinn der Bürgerschaft bekränzt und geschmückt ... Daneben sah man in allen Straßen Fahnen- und Flaggenschmuck, Guirlanden und andere Dekorationen. Ganz besonders gelungen waren die Dekorationen des Marktplatzes und der Universität, wo vornehm einfacher Schmuck von den hohen alten Façaden der Gebäude sich abhob. So hatten Universität, Studenten und Bürgerschaft in gemeinsamer Begeisterung für die kommenden Tage ausreichende Vorbereitungen getroffen, um auch äußerlich dem Feste die rechte Weihe zu geben. Die Teilnahme von auswärts war sehr rege. Alte Schüler der Universität, alte Herren der Korporationen, eine große Zahl von offiziellen Vertretern der Regierung hatten sich eingefunden, um die Festtage in Greifswald mitzuerleben. Auch die Hauptbedingung zum Gelingen eines solchen Festes, heiteres, sonniges Wetter, war erfüllt. Am Abend des 2. August trafen sich die Festteilnehmer zu einer zwanglosen Zusammenkunft bei dem alten »Ihlenfeldt«, während das eigentliche Fest mit einer kirchlichen Feier am Freitag in der Nikolaidomkirche begann.

Ferdinand Sauerbruch (Jubiläum 1906)

Universitätsgründung, Rubenow

In der Stadt Gripswaldt/ Hertzogthumbs Wolgasts (das andere Bardt nennen) wohnete der Zeit eines vortrefflichen alten geschlechts auffrichtiger Mann/ der rechten Doc. und Bürgermeister daselbst. Welcher ob er sich wol mit vielen der Stadt erzeigten wolthaten/ sonderlich aber auch/ dz des orts ein hohe Schul/ durch sein befürdern/ mit statlichen darauff erlangten privilegien uñ ausskunfften/ zu besoldung der Professorn angerichtet worden/ bey männiglich sehr verdinet gemachet: Anfangs aber hat jn der F. bey dẽ er zuvor wegen seiner tugend in grossen gnaden gewesen/ angefeindet. Und als solchs seine mit Rathsverwandten in der stadt erfahren/ haben sie es entweder selbst angestifftet/ oder doch auch zũ wenigsten gutwillig geschehen lassen/ das jn 2 bößwichter, und Mörder in der Rathsstube/ da er sampt einem seiner Collegen saß/ uberfallen und nach wenig worten/ jm den kopff gespalten/ und todt nieder auff die Erde geworffen. Der bey jm auff der banck/ ein frommer und guter mann/ erschrack ob solcher schelmischen that uber die massen sehr. Was wolte oder konte aber einer allein und unbewert/ gegẽ zween die mit wehr und waffen wol vorsehen? Auch verstundt er damals nicht/ wo solcher mordt herrührte/ aber zweyen von den andere jren mit Ratsverwandten wars unverborgen/ und wusten gar wol das er seiner tugendt halber erwürgt/

Albert Crantz, 1462 (1601)

Universitätssiegel von 1456

D. Rubenow Begräbniß ist noch heutiges Tages zum Gryphswald in des Grauen Kloster Kirch beym hohen Alter[!] zusehen/ daselbst seine und seiner Haußfrauen Bildnüssen auff den Grabstein gehauen sind/ mit diesen Worten: Hic jacet egregius Vir, Dominus Henricus Rubenow... Ds ist/ Hie liegt begraben der Fürtreffliche Mann Herr Heinrich Rubenow/ der Rechten Doct: der Decreten Baccalaureus/ Bürgemeister und Syndicus dieser Stadt/ und Hertzog Wartißlaffs Raht/ ein treuer Versorger dieses Klosters... Ein jegliches Bild hat einen Zettel in der Hand/ auff dem welchen der D. helt/ stehen diese Wort: Miseremini nostri... Erbarmet euch unser/ denn die Hand des Herren hat uns angerühret... Sonsten in derselben Kirchen an einem Ort/ in einem Stein/ der in der Mauern verfasset/ stehen zur Gedächtnuß diese Wort eingehauen/ in Pomrischer Sprache also: Vp Nie Jahres Avende/ des lesten Dages des Jahres der Geburt Christi M. CD. LXII ward erschlagen Heinrich Rubenow/ Doctor in beyden Rechten/ und Bürgemeister hier. Item diese Verß:

Occisi temerè Deus alme mei miserere,
Ignoscendo meis qui pupugêre reis.

Das ist:

Erbarm dich mein O heilger Gott
Der ich ohn Schuld bin geschlagen todt.
Den Thätern wolstus auch vergebn
Die mich gebracht han umb das Lebn.

Beim Abbruch des Klosters i. J. 1790/92 ist das Grab verloren gegangen. Der Sühnestein steht seitdem in der St. Marienkirche im Turmeingang.
Der genaue niederdeutsche Wortlaut ist: Uppe. nye. iaresave [n] de. des. leste[n]. daghes. des. iars. der. bord. Xpi. [=Christi] m. cd. IXII. wart. slaghe [n]. her. hinrik. rubenow. doctor. in. beide[n]. regte[n] u[n]d [e]. borgh[er]. meister. hyr.

Daniel Cramer, 1628

Rubenowbild in der Nikolaikirche.
Ausschnitt. Nach 1460

Es stehet noch heut zu tage/ zum Gryphswald in S. Niclaß Kirchen uber der Professorn Gestülte/ daselbst ein Gemählte/ in welchen neben dem Bildnuß Mariae/ und deß Fürsten Wartißlafi/ sieben vornehme/ gelahrte Männer/ mehrentheil gewesene Professorn daselbst/ in ihrem Alten Habit/ abgemahlet stehen/ mit solcher Unterschriefft. Henricus Rubenow I.V. Doctor, Universitatis Gryphiswaldensis, ejus ductu ab Illustriß. Principe, Duce Wartislao Nono apertae primus Rector. Dominus Nicolaus Amstredam ...
Für ihnen sitzet Hertzog Wartislaff/ mit einem Scepter/ gekniet/ und hat einen Zettel/ darauff stehet dieser Verß.
Ora vocepia pro nobis nate Maria.

Daniel Cramer, 1628

Neben einigen mittelalterlichen Wandgemälden ist das Rubenowbild von ca. 1460 von Bedeutung. Es handelt sich um eine von dem Greifswalder Bürgermeister Rubenow veranlasste Memoirentafel von 2,16 × 1,5 m Größe zur Erinnerung an sechs verstorbene Freunde, die als Professoren aus Rostock kamen und in Greifswald bis zu ihrem Tode lebten. Das Bild zeigt in Temperafarben unter der Darstellung Marias mit dem Christuskind Rubenow als Rektor, seine Freunde und einen knieenden Pedellen.

Friedrich Schubel, 1937

Dieweil Herzog Wartislaff, des Namens der neunte ... hat daselbst die Universität mit Hebungen und geistlichen Lehen auf 1 000 Gulden jährlicher Zinse und Nutzung fundiret ... Und hat der Fürst, Herzog Wartislaff in der Einweihung der Universität geschenket 2 schöne silberne Zepter, und hernach haben auch die Aebte von Neuen-Camp, Eldenaw und Pudagla 2 kleine Zepter dahin geschenkt. Und die Universität hat zum ersten Rector erwählt Doctorem Henricum Rubenowen, derselbige hat viel gutes bey der Universität gethan, und weil er reich war, hat er ihr geschenkt 3 000 Mark Hauptsummen, davon sie die Zinse jährlich von der Ohrbör zum Sunde und dem Dorfe Hennekenhagen sollte haben: item 8 geistliche Lehne, die auch wohl 3 000 Mark werth waren; und alle seine vornehmsten Bücher, die um 1 000 Gulden nicht verkauft waren ...

Nikolaus Klemptzen, 1535

Rubenow-Sühnestein. Gotländischer Kalkstein Marienkirche

Die Bürger seint auch mehr der kauffmanschafft und segelation zugethan wan den studiis, darumb leydet die universitet nicht weinig hinderung jres gedeyes. Es ist uberaus gute zehrung daselbst, und nicht so gar ein übermütig folck wie in andern stetten. Darumb ist die universitet one gros bedenken nicht hieher gelegt, und were gantz Pomern, Mekelburgk, Denemarken, Schweden und Norwegen wol gelegen, so sie nur was gedeyes haben solte. Dieselbige universitet hat namhafftige Leute gehapt, in jure doctorem Petrum Ravennatem ... Es ist auch Ulricus Huttenus eine zeitlanck da gewest.
... Hirnha im jare 1456 do richtede hertoch Wartislaff mit rade bischop hennigs van Camin up de universitet thom Gripswolde ... Twar ein hoflik werck, averst id heft jo mit der universitet ny nicht recht vort willen; underwilen is se wol dorch gelerde lude in schwanck gekhamen, balde heft id wedder afgeslagen, also lange, dat se itzund men kume ein Scheme einer universitet is, also ock tho dissen tiden velen universiteten wedderfhart ...

Thomas Kantzow, 1538

auch haben die Fürsten von Pommern ihre Universität und hohe Schulen darinnen ... das Collegium oder Auditorium liegt an der Stadtmauren in einem Winckel benebenst einer Kirchen, läst sich ansehen, als wanns ein altes Closter gewesen, nicht sonderlichen gebauet, auch nicht viel Raum innen, dabey abzunehmen, daß in dieser Universität niemahls viel Studenten allda und großen Zulauff muß gehabt haben; wie man denn auch wenig Bursche gesehen oder in der Stadt einem sindt fürkommen.

Michael Franck, 1590

Altes Universitätsgebäude (Das Ernestinum). Vergrößerung aus dem Stadtbild von Matthäus Merian, 1652. (Universitätsfestschrift von 1956)

Wenig nur fehlte daran, daß die hohe Schule von Greifswald zur Zeit der Reformation einging. Aber neue Freiheiten machten sie bald blühender als je zuvor. 1539 stellte der Herzog von Pommern sie als protestantische Universität wieder her; im Jahre 1591 baute der Herzog Ernst Ludwig ein neues Gebäude für sie; endlich im Jahre 1634 gab der Herzog Bogislaw XIV. ihr einen großen Teil der Eldenaer Güter. Seitdem war die Universität Greifswald weithin versorgt, und wenn sie nicht 1834 eine Landwirtschaftsschule gegründet hätte, deren Ergebnisse für ihre Finanzen unglücklich waren, könnte es sich heute gänzlich der staatlichen Subventionen enthalten. Nichtsdestoweniger bleibt es mit Marburg die reichste Universität von ganz Deutschland. Es besitzt noch ein Einkommen von 350 000 Mark ...

Jean Pierre Rousselot, 1894

Diese [die Universität] liess aus früher ihr gewordenen Schenkungen der pommerschen Städte und Ritterschaft an Stelle der Ruinen neue Gebäude errichten, die einigen Studenten und dem Aufsichtsführenden Professor zur Wohnung dienen; auch die akademische Geschäftsleitung findet sich dort. Das Franciskaner-, Minoriten- oder Bettelmönchskloster steht jetzt unter der Aufsicht und Verwaltung des Rates, der seine Stadtschule darin untergebracht hat. Ausserdem liegen zwei ziemlich geräumige und gut gebaute Häuser nicht weit von der Domkirche, von denen das eine, früher die Propstei, jetzt dem durchlauchtigsten Herzog gehört, im andern, der früheren Dekanei, der Generalsuperintendent von Pommern und Rügen seine Wohnung hat. In der Nähe liegt auch das grosse Universitätsgebäude, welches im Jahre 1597 wiederhergestellt und prächtig ausgebaut wurde. Das Grundstück gehörte einst der nach dem Zeugnis alter Dokumente und Grabsteine hochberühmten Patrizierfamilie Letznitz. Als der letzte Sprosse dieses Geschlechtes in jungen Jahren starb und sein gesamtes Erbe an Dr. Heinrich Rubenow, seinen Onkel und Vormund, fiel, bestimmte dieser jenen Hof zur Gründung eines Akademiegebäudes und trat sein Eigentumsrecht unter gewissen Bedingungen in einer öffentlichen Ratssitzung an die Universität ab.

Lukas Takke, 1607

Altes Universitätsgebäude (Das Ernestinum). Vergrößerung (aus der Universitätsfestschrift von 1956) nach dem Stadtbild von Willem Swidde

... Von Stralsundt des abends nach Greiffswald 4 Meil.

ϰ Collegium α) Theologicum. β) Philosophicum. Ubi 1) Loco subselliorum opponentium Mensa coram cathedra ponitur. 2) Studentenstube auf dem Collegio. 3) Bibliothec, ubi Sceleta von 40 Jahren. 4) Concilium. Ein schöner grüner Tisch mit einem grünen Himmel, darinnen Principes Pomeraniae undt über der Thür Primus Academiae Gryphiae Rector Henricus Rubenow.
Convictorium beym Schwartzen Collegio.

Carl Arnd, 1694

In dem letzten Kriege, welchen die Nordischen Alliirten mit Schweden geführet, ist dieser Musen-Sitz bey nahe eingegangen. Denn die Russen machten so gar einen Pferde-Stall aus dem schönen Auditorio, darinnen D. Mayer* mit allgemeinen Beyfall gelehret. Noch bis diese Stunden kan die Academie nicht in rechte Ordnung gebracht werden.

* Der Theologe Joh. Friedrich Mayer

Georg von Fürst, 1739

Die eigentlichen Akademischen Gebäude sind von Anfang her der Akademie gewidmet und sind theils aedes publicae, theils privatae.

(Die ältesten Gebäude)
---die zwey Collegia Artistarum, oder Philosophorum, majus & minus, prope St. Jacobi Templum; es standen vorhin auf dieser Stelle zwey, alte unbrauchbare Gebäude, nebst fünf dazwischen belegenen kleinen Casis... weil aber selbige nur wüste Stellen, oder gar schlechte Gebäude gewesen, so wurden selbige noch in eben dem Jahr von neuen aufgebauet und zum Nutzen der Universität und Wohnungen der Professoren und Studenten dergestalt aptiret, daß, außer denen Professoribus collegiatia, zusammen 350 Studenten bequem darin logiren können. Woraus sich also ergiebet, daß dieses gewiß ein recht grosses und anständliches Gebäude müsse gewest seyn. Dennoch aber ist das grosse Auditorium zu der Zeit noch nicht erbauet gewesen, als welches allererst im Jahr 1566 durch Hülfe und Betrieb des damahligen Gener. Superint. Jacobi Rungii aufgeführet und hienechst im Jahr 1569. zuerst durch actus publices inauguriret worden.

Als aber hienächst dieses Gebäude ganz alt und verfallen war, hatte der hochseel. Herzog Ludovicus selbiges ums Jahr 1591, den 22. Jun. von seinen eigenen Mitteln, nachdem er selbst den Abriß dazu verfertiget, von Grundaus neu aufbauen lassen. (Der Ernst Ludwig-Bau); daher er auch von ihm den Nahmen, Collegium Ernesto Ludovicianum geführet hat... Der Bau ward indessen im Jahr 1597. glücklich zum Stande gebracht, so daß am 7ten Tage des Monaths August das grosse Auditorium eröfnet... ward. Es war dieses Collegium nach Italienischer Manier gebauet, und nach damahligen Zeiten eines der ansehnlichsten Akademischen Gebäude in Deutschland... Es war selbiges von drey Etagen, und bestand theils aus publiquen, theils aus Privat-Zimmern, nebst denen dabey gelegenen Gärten und offenen Plätzen... Nächst denen Auditoriis folgete ein Zimmer, so ehedem zum Carcer destinirt gewesen, beym Anfange dieses Seculi aber A. 1705 und 1706, nicht sonder Unkosten, zum akademischen Buchladen aptiret... Oben über dem Dach des ersten Theils desselben, gegen Osten, war ein anständlicher Thurm gesetzt, worin eine Glocke hing, mit welcher bey akademischen Solennitäten, und wenn Professores ihre publique Lectiones hielten, oder disputirten, geklungen ward. Hinter dem ganzen Gebäude war ein freyer Gang, der bis an der Stadtmauer ging, und zwey Gärten... Endlich ward dieses ganze bisher beschriebene Revier mit einem offenen Platz, wo vormals Gassen gewesen seyn sollen, als eine Insul umschlossen.

Augustin von Balthasar, 1750

Der Croy-Teppich

Am Morgen des Festes um 7 Uhr ertönt die große Glocke des Thurms der Hauptkirche, Doctorglocke genannt, von ihrer vorzugsweisen Bestimmung zum Gebrauch bey Promotionen und ausgezeichnet durch ihren tiefen, ernsten Ton. Um 10 Uhr verkündigt derselbe Ton den Anfang der Feyer. Der Senat versammelt sich in seinem Sessionszimmer. Der Rector, gekleidet in seine feyerliche Tracht – den schwarzseidenen Mantel unten, und darüber das kurze purpurfarbene, mit goldenen Inschriften und Verzierungen gestickte Pallium – legt bey diesem Feste nach Vorschrift des Stifters noch die goldene Halskette mit dem Medaillon, worauf die Brustbilder der Herzogin Anna und des Herzogs abgebildet sind, an und steckt den Siegelring Bogislavs, des letzten Pommerschen Fürsten an den Finger. Die beyden Universitäts-Bidellen, in schwarz seidenen Untermänteln und scharlachrothen Chorröcken darüber, tragend die silbernen, von den alten Landesfürsten ihrer geliebten Universität geschenkten Scepter – Symbole der Würde, Immunität und Jurisdiction – treten vor den Rector hin. So ausgestattet und geschmückt stellt dieser sich an die Spitze des schwarz gekleideten Senats und der Zug bewegt sich nach dem großen Hörsaal, wo ihn eine Trauermusik empfängt. Dieser Saal, von beträchtlichem Umfang, flach gewölbt, von den beyden Hauptseiten beleuchtet, ist auf folgende Art geschmückt. Im Hintergrunde, der Hauptthüre gegenüber, an der Wand, wo sich die Catheder befinden, ist der große gewirkte Teppich ausgespannt ... so daß die Kanzel, worauf Luther predigt, sich gerade über den Rednerbühnen befindet. Diese Catheder, sonst von goldnen Verzierungen glänzend, sind heute mit schwarzem Tuch behangen und an der Vorderseite des kleinen Catheders ist das Epitaphium der Herzogin Anna – in silbernen Buchstaben auf schwarzem Grunde angebracht. Rechts von den Cathedern, an dem Pfeiler zwischen dem ersten und zweyten Fensterbogen sieht man das große Brustbild der Herzogin Anna in Öl gemalt und gegenüber, links von den Bühnen dasjenige ihres Sohns. Endlich den Cathedern gegenüber, ganz unten im Saal, von der Loge des Orchesters hinabhängend, ist noch ein zu dieser Feyer gehöriger, doch weit kleinerer Teppich angebracht, welcher indeß weniger gut gearbeitet und nunmehr so unscheinbar geworden ist, daß es nicht sogleich hat gelingen wollen, die darauf dargestellte Handlung mit Zuverlässigkeit zu deuten.

In den so geschmückten Saal tritt nun der Redner auf die Bühne, gerade unter den predigenden Luther, etwas höher stehend als die Reihe von Gestalten, welche rechts

Der Croyteppich, gewirkt und gestickt von Peter Heymans, 1684

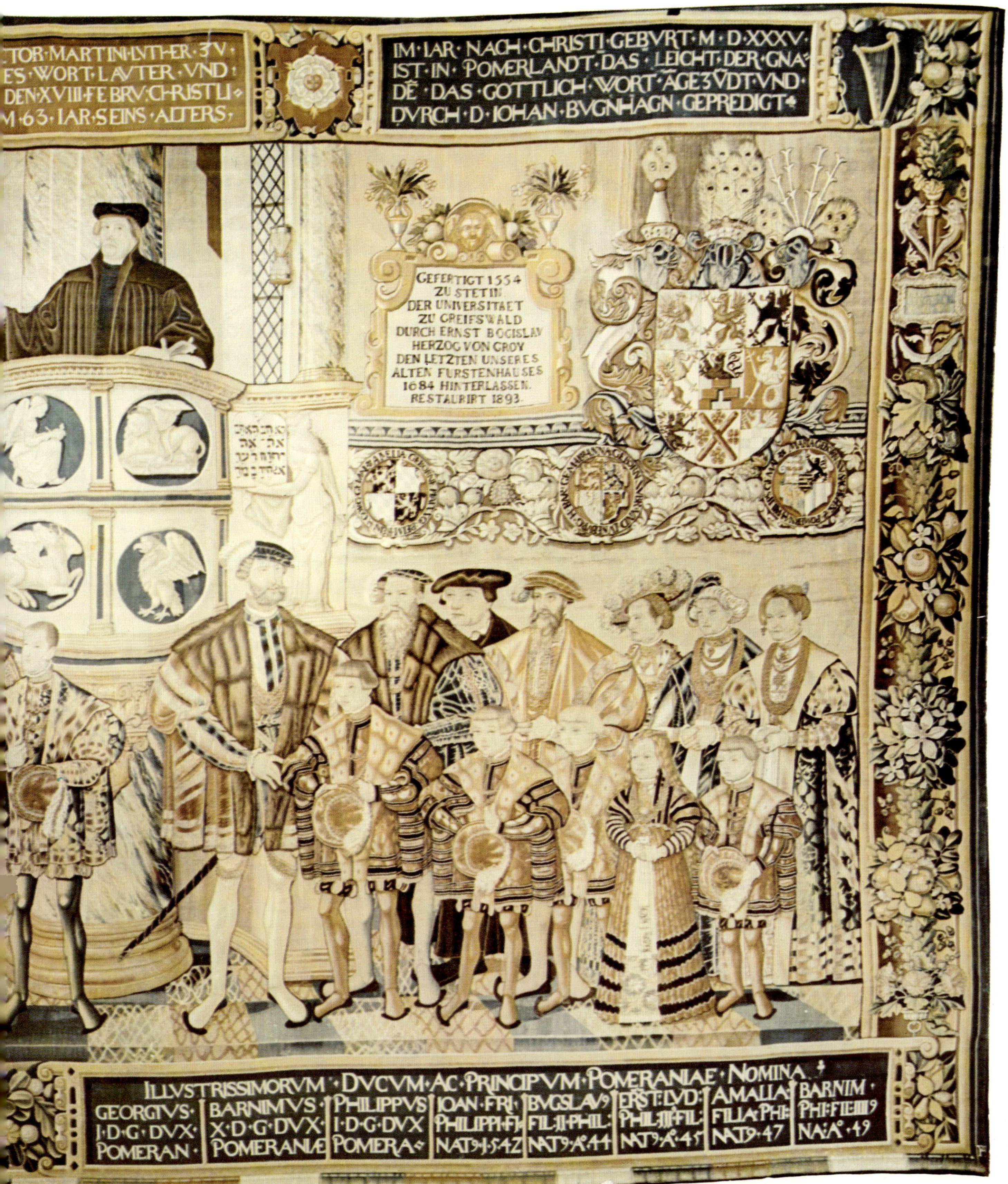
CTOR·MARTIN·LVTHER·ZV
ES·WORT·LAVTER·VND
DEN·XVIII·FEBRV·CHRISTI
M·63·IAR·SEINS·ALTERS
IM·IAR·NACH·CHRISTI·GEBVRT·M·D·XXXV
IST·IN·POMERLANDT·DAS·LEICHT·DER·GNA
DĒ·DAS·GOTTLICH·WORT·AGEZVDT·VND
DVRCH·D·IOHAN·BVGNHAGN·GEPREDIGT
GEFERTIGT 1554
ZU STETIN
DER UNIVERSITAET
ZU GREIFSWALD
DURCH ERNST BOGISLAV
HERZOG VON CROY
DEN LETZTEN UNSERES
ALTEN FURSTENHAUSES
1684 HINTERLASSEN.
RESTAURIRT 1893.
ILLVSTRISSIMORVM·DVCVM·AC·PRINCIPVM·POMERANIAE·NOMINA
GEORGIVS·I·D·G·DVX·POMERAN·
BARNIMVS·X·D·G·DVX·POMERANIAE
PHILIPPVS·I·D·G·DVX·POMERA·
IOAN·FRI·PHILIPPI·FI·NAT·1·5·42
BVGSLAVS·FIL·II·PHIL·NAT·A·44
ERST·LVD·PHIL·III·FIL·NAT·A·45
AMALIA·FILIA·PHI·NAT·47
BARNIM·PHI·FI·IIII·NA·A·49

und links um die Kanzel versammelt sind – deutend diese reiche Umgebung und jene große Zeit, welche hier bildlich vergegenwärtigt ist!

Das »Croyfest« fand alle 10 Jahre statt am 22. Oktober, dem Todestag der letzten pommerschen Herzogstochter Anna v. Croy. Ernst Bogislav v. Croy, Annas Sohn, letzter Sproß der Herzogfamilie, hatte 1684 u. a. den »Croy-Teppich« der Greifswalder Universität vermacht. Die Gedächtnisfeier wurde zuletzt 1930 begangen.

Christian Wilhelm Ahlwardt, 1822

Am Tage nach unserer Prüfung verließen Arenberg und ich das gute Greifswald, das ich nie wiedersah. So habe ich auch von den beiden größten Sehenswürdigkeiten der Stadt nur die eine zu sehen bekommen. Diese beiden Kuriositäten waren der Croy-Teppich und der schwedische Major. Der in der Universität aufbewahrte Croy-Teppich war ein Gobelin aus dem 16. Jahrhundert, der Luther darstellt, wie er vor der pommerschen* Kurfürstenfamilie predigt. Dieser Teppich wurde leider nur alle 10 Jahre gezeigt...

* Herzogs- u. sächsischen

Bernhard Fürst von Bülow, 1872

Glücklicherweise ist... die Rückgabe zweier seit dem Kriege im Westen eingelagerter Kunstgegenstände (Croy- und Ester-Teppiche) an die Universität, als durchaus erfreulich zu beurteilen. Nur wer weiß, wie der Croy-Teppich von den Greifswaldern weit über akademische Kreise hinaus fast wie ein Heiligtum geachtet wird, kann die Freude verstehen, die die Mitteilung der Rückgabe durch den Rektor, Professor Dr. Katsch, auslöste. Beachtenswert ist auch, daß Herr Grotewohl (Ministerpräsident) nicht versäumt hat, hierüber als von »einer erfreulichen Geste in der gesamtdeutschen Zusammenarbeit« zu sprechen.

Otto Abs, 1957

Akademie Eldena

In Eldena ist noch immer alles verreist, die Lehrer wie die meisten Schüler. Die Zahl der Zöglinge, einige 90, ist zu groß, um den Unterricht so mit der Praxis zu verbinden, wie es eigentlich im Plane des Instituts lag... Eldena ist übrigens eine gute halbe Meile von hier, und im Winter wird der Weg bodenlos sein...

Otto Fürst von Bismarck, 1838

Ich fuhr nach dem Seebade W[ieck], woselbst ich viele Musensöhne und Akademisten einer nahe gelegenen ökonomischen Lehranstalt antraf. Letztere schienen mir die Ökonomie auch nur auf dem Papier zu studiren, denn sie verloren und verschwendeten ihr Geld, daß es zum Erbarmen war.

Heinrich Glühmann, 1839

Eldena, Reiter und Wiese, Akademie im Hintergrund. Lithographie von Ludwig Eduard Lütke, um 1830

Eldena, das von vornherein einen höchst angenehmen, unerwartet malerischen Eindruck auf den Fremden macht. Neben den einfachen ländlichen Hütten sind hier, seit das Amt Eldena zu einer landwirthschaftlichen Akademie erhoben wurde, viele sehr stattliche Gebäude im mannigfaltigsten Geschmack entstanden...

Wilhelm Cornelius, 1839

Dennoch blieb Greifswald unter Friedrich Wilhelm III. ziemlich vernachlässigt. Nur die... Gründung von Eldena wurde unter seinem Regiment ins Werk gesetzt, zum großen Kummer der alten eingefleischten Greifswalder...
...und so mußte die alte ängstlich auf ihren Schätzen sitzende Mutter Greifswald sich wohl oder übel entschließen, die junge Tochter Eldena auszustatten...

Das Greifswalder Jubelfest, 1856

Die akademische Freiheit blühete in Eldena auf, ohne in den ihr verwandten Fehler der Ungebundenheit und Zügellosigkeit auszuarten. Sie ließ jede Individualität gewähren, gab den verschiedenartigsten Charakteren ungehindert Spielraum. Indem sie die Gleichheit aller zum Grundsatz erhob, ließ sie keine Prärogativen der Geburt

Eldena, Greifswalder Straße, Pferdekutsche. Lithographie von Ludwig Eduard Lütke, um 1830

oder des Reichthums aufkommen, ebenso wenig aber würde sie Anmaßungen geduldet haben, die nur auf körperliche Kraft und Rohheit der Sitten sich stützten …

Es ereignete sich zuweilen, daß die Akademie Eldena von solchen besucht wurde, die bereits im Mannesalter standen und denen es nicht um den gesammten Unterricht zu thun war, sondern um einzelne Zweige des Wissens oder des practischen Betriebes. Auch diese schlossen sich von der Theilnahme an dem geselligen Leben nicht aus und gestanden es gern, daß sie im Verkehre mit den jüngeren Studirenden frohe und befriedigende Stunden erlebt hätten. Manche sogar, die aus amtlichen Wirkungskreisen und aus den beengenden Verhältnissen klein-bürgerlicher Gesellschaften in dieses frische und freie Treiben hinein versetzt wurden, fühlten sich darin so vergnügt, daß sie Eldena liebgewannen, wie eine grüne Oase nach trockenem dürrem Alltagsleben …

Gegen die genügsame Abgeschlossenheit des eldenaer Lebens reagirten jene Verbindungen, indem sie die Akademiker zu necken und zu beleidigen suchten und Spottnamen, wie Ackerstudenten, Kloßtreter (Klutenpedder) aufbrachten. Diese Angriffe hörten indeß bald wieder auf, nachdem in Eldena ein Fechtmeister angestellt worden war und die Waffenübungen mit großem Eifer betrieben wurden. In

Akademiegebäude in Eldena. Lithographie von Ludwig Eduard Lütke, um 1830

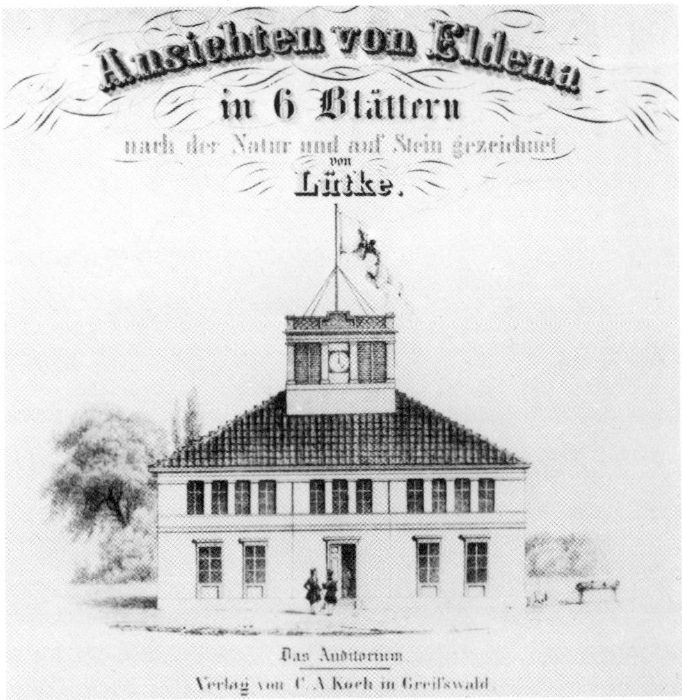

Greifswald selbst wurde das kunstgerechte Fechten sehr wenig geübt, die Eldenaer aber erwarben sich binnen kurzer Zeit den Ruhm der Kraft und Geschicklichkeit... So hatte die Polemik der Greifswalder Verbindungen sehr ersprießliche Folgen für das Eldenaer Leben. Die Waffenübungen zuerst durch die Nothwendigkeit und zur Abwehr übermüthiger Angriffe geboten, wurden später wegen ihrer eigenen Vortrefflichkeit geschätzt als ein Mittel körperlicher Ausbildung.

Während des Winters bestanden in Eldena regelmäßige gesellige Zusammenkünfte. Sie wurden wöchentlich einmal, des Sonnabends in den Räumen der »akademischen Speisewirthschaft« abgehalten und meistens von den Lehrern und Beamten der Anstalt, zuweilen auch von dem Direktor besucht. In diesen Zusammenkünften herrschte die ungezwungenste Unterhaltung. Die Angelegenheiten der Akademie, die Verrichtungen der Wirthschaft und der Fabrik, die Bauten, die Vorlesungen, die ausliegenden landwirthschaftlichen Zeitungen und Journale, die Erlebnisse in Eldena boten reichlich Stoff zum Gespräche. Diejenigen, welche keine Lust zur Conversation hatten, konnten sich mit Schachspiel oder Billard unterhalten. Auch wurden an solchen Abenden Gesänge von der Liedertafel vorgetragen... Einige hatten Lesekränzchen gestiftet, in welchen die vorzüglichsten Werke der dramatischen Literatur gelesen und besprochen wurden. Andere kamen zusammen, um über Gegenstände der Naturwissenschaften, der Nationalökonomie oder der Landwirthschaft zu disputiren. Manche hatten sich dem Schachspiel zugewendet. Auch schlossen sich die Akademiker an einzelne Lehrer enger an, je nachdem sie den Vorträgen derselben ein überwiegendes Interesse widmeten. Während des Sommers brachte man die der Erholung bestimmte Zeit gewöhnlich im Freien zu. Zum Theil mußten die botanischen Excursionen, welche Dr. Langethal immer mit einem sehr zahlreichen Gefolge unternahm, statt der Erholung dienen. Die Feiertage wurden zu Ausflügen auf die Insel Rügen oder zu Besuchen auf benachbarten Gütern benutzt. Da die Akademie die Jagdgerechtigkeit besaß, so lockte mancher frische Herbsttag die Freunde der Jagd in die Felder hinaus.

Neben den Fechtübungen wurden auch andere Zweige der Gymnastik von den Akademikern eifrig betrieben. Der Director hatte die nöthigen Apparate zum Turnen aufstellen lassen, auch eine Reitbahn eingerichtet. Die See, welche von den Akademiegebäuden nur einige hundert Schritte entfernt war, lud in den heißen Tagen des Sommers zum Baden ein; in günstigen Wintern bot ihre unbegrenzte Spiegelfläche den Schlittschuhläufern ein erwünschtes Terrain. Man wird es nach diesen Andeutungen erklärlich finden, daß die Akademiker an den städtischen Vergnügungen, die Greifswald gewährte, nur spärlichen Antheil nahmen.... Doch wurde mitunter ein glänzender Ball auch von Eldena aus besucht, und während der Sommerzeit war

Eldena, Hainstraße, fechtende Studenten.
Lithographie von Carl August Menzel, um 1836

wieder der Elisenhain bei Eldena der Sammelplatz der eleganten greifswalder Welt. Die Akademiker waren durch Eintracht und Gemeinsinn zu einem Ganzen innig verbunden. Sie kümmerten sich sehr wenig darum, ihren Zusammenhang durch äußere Zeichen in der Kleidung, durch Mützen, Bänder usw. zu bekunden, schlossen sich aber desto enger im Umgang an einander an und beobachteten im Verkehre unter sich und mit andern Studirenden die Formen eines gebildeten Anstandes. In Eldena bestand der Du-Comment. – Allerdings hat es manchem jungen Mann aus reicher adeliger Familie, manchem Besitzer oder Erben großer Güter in hohem Grade frappirt, wenn er nach Eldena kam und sich mit Unbemittelten auf gleiche Linie gestellt sah und ohne Weiteres mit einem vertraulichen Du angeredet wurde ... Die Gleichheit aller Studirenden stand mit den wesentlichen Zwecken der Akademie in einem nothwendigen Zusammenhange. Auch wurde dadurch von vornherein dem Eindringen eines glatten und frivolen Salontones und eines eitlen Modelebens kräftig vorgebeugt.

Dr. Adler, 1859

Der Hof (d.i. der Gutshof in Eldena). Lithographie von Carl August Menzel, Lithographie um 1836

Schulen

Es hat auch zweene feine Haubtkirchen neben andern Gestifften in dieser Stadt, so nicht sonderlichen gezieret, wie in den Seestädten zu finden, daneben eine ziemliche Particularschulen;

Michael Franck, 1590

Ich komme nunmehr zu den Schulen, von denen die Stadt zwei, eine Hochschule und eine Gemeindeschule unterhält... Die Gemeinde- oder Elementarschulen waren bei uns bis vor ungefähr 30 Jahren mit den Hauptkirchen vereinigt. Aber der einsichtsvolle Rat fasste den wahrhaft weisen und nützlichen Entschluss, dieselben zu einer einzigen Schule für die Bürgerkinder umzuschaffen und wies dieser als passenden Unterkunftsort das Minoriten- oder Bettelmönchskloster an. In dieser Rathsschule unterrichteten früher höchstens vier Schulmeister, jetzt aber sind fünf Hauptlehrer mit bescheidenem Gehalt angestellt... ihnen sind die Küster der drei Kirchen und der Schreiblehrer beigeordnet... Daraus geht hervor, daß die Bürgerkinder in dieser Schule genügende Kenntnisse und eine anerkennenswerte Bildung erlangen könnten, wenn sie sich nicht durch die schlechten Beispiele anderer oder durch eigenen unzeitigen Freiheitsdrang verleiten liessen, der Schulzucht zu entfliehen und zum grossen eigenen Nachteil wie zum Schaden des ganzen Gemeinwesens zur Universität zu eilen, bevor sie noch in der Grammatik und anderen Elementarwissenschaften einen festen Grund gelegt haben.

Lukas Takke, 1607

Der erste Mangel findet sich jetzt alß fort bey den Cantoris seinen Amtsverrichtungen; denn bei dieser Schule sind keine musikalischen Sachen, welche nach Beschaffenheit dieser Zeiten könnten gebraucht werden... Der andere Mangel ist die erledigte Stelle des scribae. Weil dieses Ampt solange vacant geblieben, hat viele Versäumniß und Unordnung müssen fürfallen. Man hat an dessen Stat einen Knaben setzen müssen. Auch hat dieser Mangel zu Kliph- und Winkelschulen Ursach gegeben. Der dritte Mangel ist, Gott sei es geklagt, so groß, daß er auch den geringsten für Augen stehet und ein jeglicher klaget über das große Abnehmen der Schulen, denn nicht so viele Knaben sind vorhanden, mit welchen das Singen kann bestellet werden. Und sind dennoch Knaben genug in unserem Greifswald, welches der Augenschein bezeuget,

Das alte Gymnasium in der Mühlenstraße, erbaut von Quistorp.
Aquarell von Anton Heinrich Gladrow, o. J.

sonderlich des Sonntags unter den Predigten, da so viele junge Knaben, Ich sage nicht von den Lehrjungen der Handwerker, welche sich dennoch dabei befinden, unten im Chor, auf dem Kirchhoff sich finden, und also verhalten, daß alle Gottesfurcht, Zucht und Ehrbarkeit wird hintangesetzt, dagegen Gotteslästerungen und alle Leichfertigkeit ohne Scheu wird gehöret und gesehen, daß ein Christlich Herze darüber muß seufzen und Gott zu seiner Zeit gewißlich wird straffen, daß der Sonntag muß sein ein Sündentag...

Jakob Prillewitz, 1685

Die hiesige Ratsschule besteht aus 5 Klassen und wurde im Jahre 1557 in dem Franziskaner- oder grauen Kloster angelegt.

Berichte eines Reisenden..., 1791

Das zweyte von außen schöne eben erst vollendete öffentliche Gebäude war die Schule. Es war ehedem ein Kloster gewesen, von dem man im Hofe noch die Spuren entdeckt. Die Steine zum neuen Schulhause sind aus dem alten genommen, und nach dem Vorrath, der noch aufgepackt dasteht, hätte man zu noch einem so großen Gebäude Materialien gehabt...

Johann Karl Friedrich Rellstab, 1797

Die Volks- und Bürgerschulen sind in dieser Provinz äusserst schlecht sowohl in den Städten, als auf dem Lande, und man gebraucht darin die elendsten, zum Theil unsinnigsten Bücher. Jedes alte Mütterchen, das nicht mehr spinnen kann und mag, jeder, der sonst nichts zu thun weiss, legt eine Schule an, und lehrt ungestraft. Hier in der Stadt, wo ich zum Ärger der Geistlichkeit die Behörde auf diese Mängel, oder vielmehr Greuel aufmerksam gemacht, und, weil auch die untere Klasse unserer Schule dabei leidet, unablässig auf Besserung dieser Übel gedrungen habe, werden jetzt ernsthafte Anstalten zur Verbesserung der kleinen Schulen gemacht...

Christian Wilhelm Ahlwardt, 1816

[Das Landschullehrerheim.]
Das Seminarium nahm 1791 am 1. November den Anfang. Damit die Seminaristen zusammen wohnen möchten, ward Anfangs eine Privatwohnung gemiethet. Weil aber in einem solchen Privathause die Seminaristen mit andern Leuten in Verbindung waren: so wurde hernach von der St. Marienkirche eine kleine Wohnung für eine

billige Heuer erhalten. Aus dem Fond der Beyträge sind Bettstellen, ein Federbett für 2 Personen mit Bettüchern, Tische und Bänke, ein Clavier, eine Zahl von den für die Seminaristen dienlichen Büchern, welche jährlich vermehrt werden, nebst einigem Hausgeräth angeschafft. Es wird jährlich Holz und Torf zur Feuerung im Winter und zu nothdürftigem Gebrauch im Sommer angekauft; auch werden die kleinen Reparaturen bestritten. Zur Reinigung des Hauses und zum Bettmachen zweymal in der Woche wird eine alte Frau gehalten. Die Seminaristen empfangen zur Unterstützung des Unterhalts monatlich 2 bis 3 Thaler; diejenigen, welche zur Anleitung anderer brauchbar sind, etwas mehr. Neben dem Herrn Instructor in der Methode und dem Katechisiren sind einer, oder nach der Lage der Umstände, mehrere Lehrer zum Unterricht im Schreiben, Rechnen und der Orthographie angenommen und bezahlt worden. Einigen Seminaristen, die in kleinen Städten angesetzt werden sollten, ist der Unterricht im Zeichnen, insbesondere von Modellen und Werkzeugen, damit sie die Knaben, die zu einem Metier schreiten, welchem das Zeichnen nützlich ist, unterrichten könnten, verschafft; imgleichen manchen, wenn der Fond in dem Jahre es zuließ, ein Anfang zur Erlernung des Clavierspielens gewähret worden. Zeigte sich Gelegenheit, ihnen eine Unterweisung in landwirthschaftlichen und Gartenkenntnissen zu verschaffen: so hat man dieselbe ihnen auszumitteln gesucht.

Anonym 1859

Der erste Ausflug aus der Heimat war ein zu unvermittelter, als dass der kleine Sextaner, der Ostern 1877 in die alte pommersche Musenstadt einzog, sich bald hätte einleben können ...
Wir drei »Gebrüder Lietz« wohnten ziemlich am Ende der Stadt, unmittelbar neben dem »Alten Kirchhof« im Hause des Kirchhofsaufsehers Müller, eines sehr alten Mannes ... Wir wurden Zeugen vom Treiben der älteren Schüler, das keineswegs vorbildlich war. So von den Sitzungen des »Tabakskollegiums«, bei dem wir die langen Pfeifen zu stopfen hatten. Oder wir erlebten, wie jene sich als alte Leute verkleideten und mit starken Stöcken bewaffnet am Abend durch die Hauptstraßen der Stadt zogen, den Lehrern und Polizisten Streiche spielend. In dem dichten und waldartigen Buschwerk am Rande des Friedhofs wurde von jener Kameradschaft gejagt, wobei wir Kleinen Posten zu stehen hatten ... Unsere kriegerische Tätigkeit und Unternehmungslust konnte bei solchem Leben wohl wachsen ... Aber unsere Leistungen auf der Schule mußten in gleichen Verhältnissen abnehmen, und die Gefahr völliger Verwilderung war nicht gering ...
Zum Herbst ... wieder ging es den weiten Weg ... in die uns ja nun schon bekannte Gymnasial- und Hochschulstadt. Manche ehemaligen Kameraden freuten sich wohl,

Neues Gymnasium. Lithographie von Robert Geissler, 1869

als sie die »Muttländer« in das kleine Städtchen, das uns damals sehr groß und bedeutend vorkam, wieder einziehen sahen. Mit uns kamen drei Schwestern. Zwei, um die Schule zu besuchen, eine dritte ... sollte den Haushalt und die Aufsicht über uns alle führen. In der Vorstadt wurde eine kleine Wohnung gemietet und einfach eingerichtet ... Der ältere Bruder, Korpsstudent, später mit seinem Examen beschäftigt, konnte wenig für uns sorgen. Aber wir Jungen gewannen einen Einblick ins Korpsstudententum, der uns zeitlebens die Hochachtung vor ihm rauben mußte. Trinkgelage und Mensuren schienen den Hauptinhalt zu bilden. Noch heute erinnere ich mich lebhaft der ewigen Studenten unter ihnen, des »dicken Koch« und des »Masuren« ...

Was uns in dieser Zeit am meisten gefreut hat, waren neben den Ferien die allabendlichen Spiele mit den Kameraden zwischen den Baumreihen der Vorstadtstraßen ...

Doch nur zwei Jahre blieben wir in Greifswald ...

Hermann Lietz, 1877

Das historische Interesse war bei mir früh entwickelt ... Zum Teil wirkte dabei wohl der geistige Einfluß meines Vaters, der seit 1876 Gymnasialdirektor in Greifswald war; ich bin daher natürlich auch bis zum Abiturientenexamen Schüler des Greifswalder Gymnasiums gewesen, was, soviel ich weiß, erhebliche Zeit vor mir, auch Max Lenz und Hans Delbrück waren. Mein Vater war Schüler Rankes und Droysens (welch letzterer mein Pate war), er gab in der Prima einen glänzenden, höchst anregenden geschichtlichen Unterricht, wie mir noch kürzlich der Marburger Historiker Stengel, der diesen Unterricht genossen hat, versicherte ...

Georg Steinhausen, 1925

Rechtsprechung, Verwaltung

Die Universität hat völlige Gerichtsgewalt über alle ihre Zugehörigen und Verwandte, über deren Frauen, Kinder, Witwen und Bediente in bürgerlichen und peinlichen Sachen und übt solche durch die juristische Fakultät, jedoch wird alles im Namen des Rektors und des Konziliums publiziert und vollzogen. Die Appellationen von diesem Gerichte gehen unmittelbar an das hohe Tribunal in Wismar. Die Gerichtsbarkeit über die Studierenden übt der jedesmalige Rektor mit dem Universitätssyndikus aus; nur in wichtigen Fällen wird die Meinung der vier Fakultäten eingeholt.

Der Stadtmagistrat bestand im Jahre 1786 aus drei Bürgermeistern, zwei Rechtsgelehrten und einem Kaufmann, von denen einer der ersteren gewöhnlich der älteste, zugleich königlicher Landrath und Kurator der Greifswaldischen Universität ist, aus einem Syndikus, neun Rathsherren, wovon fünf Rechtsgelehrte und vier Kaufleute sind und einem Sekretär. Der Magistrat hat die freie Wahl seiner Mitglieder, ohne daß

Amtsgericht, Domstraße. Lithographie von Robert Geissler, 1869

eine landesherrliche Bestätigung oder Zustimmung der Bürgerschaft nöthig ist. Das Direktorium wechselt im Rathe unter den Bürgermeistern vierteljährlich ab, und der worthabende Bürgermeister hat die Stadtschlüssel in Verwahrung.
Die Bürgerschaft wird vom Kollegium der Fünfzigmänner vorgestellt, das aus 36 Personen aus den Kaufleuten, Krämern, Bürgern und Schiffern und aus 14 Alterleuten der 4 Gewerke, nämlich der Schneider, Schuster, Schmiede und Faßbeker besteht. Bei einer Erledigung schlägt dieses Kollegium zwei Bürger dem Rathe vor, worauf dieser nach vorhergegangener Zensur einen durchs Los erwählt.
Die Stadt hat die Gerichtsbarkeit und das Recht, einen eigenen Stadtrichter ohne landesherrliche Bestätigung zu bestellen, auch das Recht, keinen greifswaldischen Bürger vor einem auswärtigen Gericht, außer in Lehnssachen und wenn er außerhalb der Stadt Delinquent ist, belangen zu lassen.

Berichte eines Reisenden ..., 1791

29. April 1796.
Hochedler Herr Expeditions-Sekretär!
... Hier in diesem Vandalien dagegen, ist es unmöglich nicht zugleich Hofmann und Friedensstifter zu werden, aus lauter Widerwillen, mit irgendjemand zu tun zu haben; weder von Mann noch Frau wird man entflammt, und das Höchste, was man hier mit Lebhaftigkeit sein kann, ist ein angenehm kalter, galanter Satan... In der Sache der Städte (hier in Pommern) haben Seine Exellenz vortreffliche Gelegenheit, in Rechtschaffenheit zu glänzen. Es ist ein kleiner Aushungerungskrieg, in dem man die vandalische Finte anwendet, mit dem Äussersten anzufangen. (Soldaten und Kanonen, gewaltsame Verhaftungen mitten in der Nacht, so dass schwangere Frauen – sagt man – zur Geburt kamen; schändende, ganz unbürgerliche Strafen, die die Ordnungsmänner selbst getroffen haben, usw.) Die Bürger glauben mit aufrichtiger Andacht, dass sie recht haben in allem was sie taten, und dass weder Magistrat noch Regierung Macht hätten, die Privilegien, Statuten und die alte Ordnung zu brechen! Dass sie es ganz aufrichtig glauben, kann ich heilig bezeugen. Die Verbitterung richtet sich eigentlich gegen den Magistrat, der nicht Rechenschaft über die städtischen Mittel und die allgemeinen Wohlfahrtseinrichtungen ablegen will, obgleich Greifswald sehr reich ist. Dass Hunger und Gram zusammen Verzweiflung bringen, ist so alt wie die Welt. Aber Kaufmannsinteresse sitzt in Rat und Regierung, und der Kaufmann kennt weder in dieser noch in der zukünftigen Welt ein anderes Vaterland als die Multiplikationstafel.

Thomas Thorild, 1796

Auch richterliche Selbständigkeit lernte ich dort in einem Grade kennen, wie sie bei keinem altpreußischen Gerichte hätte hervortreten können... Die Praxis der Gerichte in Greifswald war unzweifelhaft eine der besten in Deutschland trotz jener faulen Auswüchse und Übelstände.
In Neuvorpommern bestand außer dem Hofgerichte ein zweites Obergericht, das Oberappellationsgericht, gleichfalls mit dem Sitze in Greifswald, als höchstes Landesgericht, das in letzter Instanz entschied, namentlich auch dem Obertribunal in Berlin nicht unterworfen war... Der Präsident... der Herr Götze aus Berlin, vortragender Rat im Justizministerium, der hohlste und anmaßendste jener Reskriptenfabrikanten des Ministeriums, der willigste Diener der Reaktion...
Meines Bleibens war leider nicht lange in Greifswald. Die Stände Neuvorpommerns hatten sich an den damaligen Kronprinzen, nachherigen König Friedrich Wilhelm IV. gewandt und die Einführung des preußischen Strafrechts und der preußischen

Oberlandesgericht. Lithographie

Kriminalordnung zu hintertreiben gewußt... Meine Bestimmung für Greifswald hörte damit auf...

Jodokus Donatus Hubertus Temme, 1883

auch stand die Stadt in ihrer altlübischen Selbständigkeit mit der Universität in gutem Vernehmen. Das Oberappellationsgericht, aus dem berühmten schwedischen Tribunal hervorgegangen, war mit sehr tüchtigen Mitgliedern besetzt, das gastfreie Haus des Präsidenten Götze bildete den Mittelpunkt für eine geistig bewegte Geselligkeit. Es war eine schöne Zeit, an die jeder, der sich ihrer erfreut hat, gern zurück denkt. Auch der Besuch der Universität steigerte sich, zur akademischen Lehrtätigkeit trat ein lebhaftes Korporationsinteresse...

Georg Beseler, 1884

Man kann einen Begriff bekommen von der Macht des Magistrats in diesen alten deutschen Hansestädten noch im 18. Jahrhundert, wenn man, insbesondere für Greifswald, die alten Ratsbekanntmachungen aus dem 18. Jahrhundert durchgeht. Die Ordnungsvorschriften gingen bis in die geringsten Kleinigkeiten. Es wurde z. B. bestimmt, wie es auf allen möglichen Familienfestlichkeiten zugehen sollte...
Was ist es, das heute Greifswald aufrecht erhält? Zweifellos die Universität. Eine Zeit lang war die Frage, ob Greifswald Hauptstadt Neuvorpommerns werden sollte. Es gab dort das alte Hofgericht, dorthin wurde zur Zeit Gustav Adolfs IV. das Hohe Tribunal von Wismar verlegt, und im ganzen genommen scheint die hohe Behörde die Stadt zu lieben. Sie ist und bleibt doch jetzt, wie unser liebes Lund eigentlich nur eine Universitätsstadt...

Fredrik Åkerblom, 1892

Die städtische Verwaltung war stark überaltert. Sie liess nach jeder Richtung hin die Zügel schleifen; das war um so bedenklicher, als einige Versuche der Regierung, durch die Eisenbahnwerkstätte industrielle Betriebe anzuregen, naturgemäss auch dahin geführt hatten, einen Arbeiterstand mit entsprechenden sozialistischen Neigungen in den Ort zu ziehen. Ein Beispiel der Indolenz der Behörde war, dass bei einer Volkszählung, von der man bestimmt erwartete, eine Zunahme der Bevölkerung konstatiert zu sehen, zum größten Entsetzen der Behörde eine starke Abnahme festgestellt wurde. Nach langem Hin- und Hersuchen fand sich, daß die Zahlen eines ganzen Stadtviertels gar nicht abgeliefert waren...

August Martin, 1924

Das Rathaus

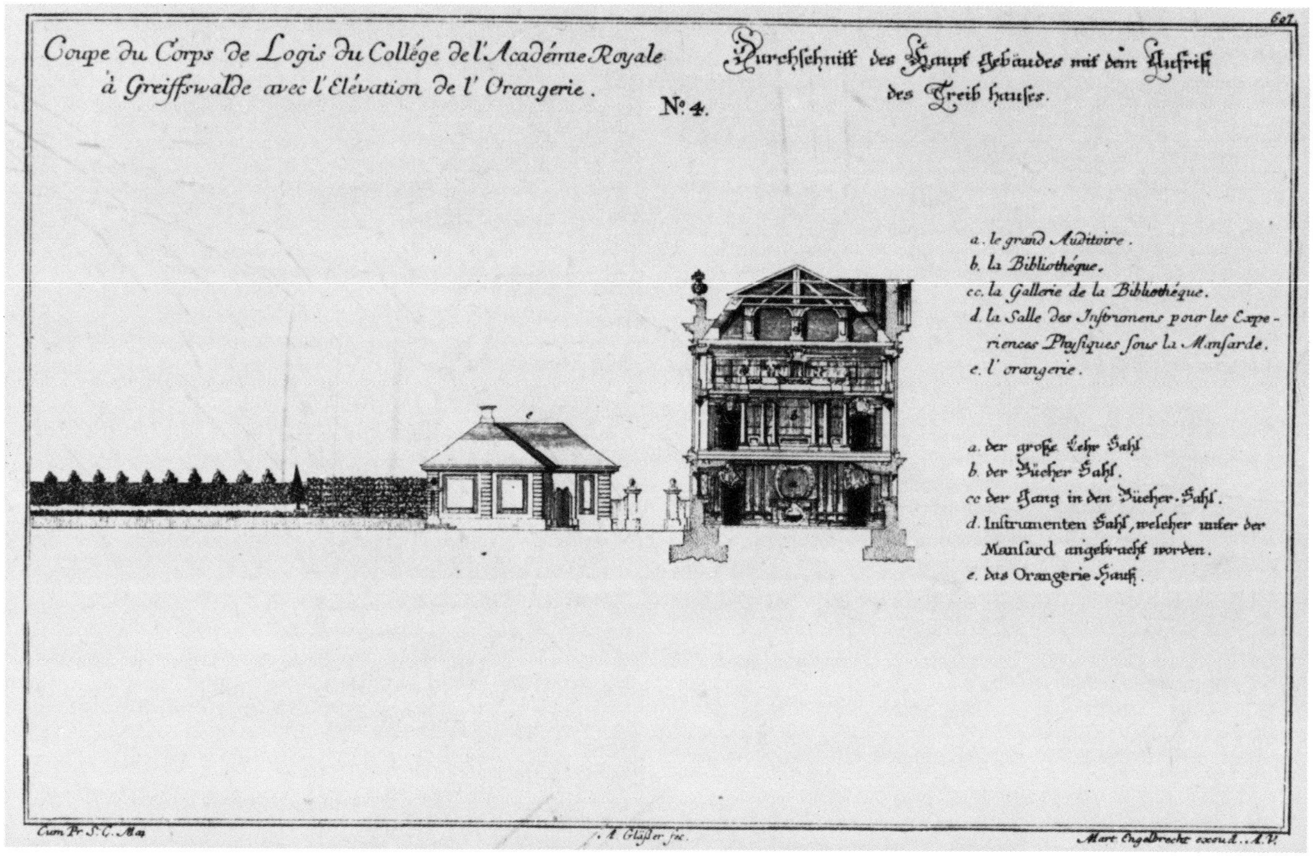

Aufriß des Treibhauses und Durchschnitt
durch das Universitätshauptgebäude.
Kupferstich von Martin Engelbrecht, 1754

Der Botanische Garten

Ein ansehnlicher Theil des hinter dem Gebäude befindlichen grossen Platzes, ist an statt des vormaligen Privatgebrauchs nunmehr zum gemeinen Nutzen bestimmt, und zu einem Botanischen Garten abgesondert, der bey seiner ansehnlichen Länge eine Breite von 120 Fuß hat. In der Mitte desselben wird ein Auditorium Botanicum, und an den Seiten des Eingangs Treib- und Gewächshäuser errichtet werden. Vielleicht wird hiebey noch eine bequeme Stelle zur Aufführung eines Chymischen Laboratorii ausersehen. Anstalten, die einer Akademie eine wahre Ehre machen...

Johann Carl Dähnert, 1750

Der Platz hinter dem Garten, längst der Stadtmauer, ward seiner Annehmlichkeit wegen der Poetengang genannt, ist aber ietzo mit in die akademischen Gärten eingezogen worden.

Augustin von Balthasar, 1750

...lieset man schon von dem älteren Joel; Daß er schon vor 200 Jahren und darüber großen Fleiß auf den Unterricht in der Kräuterkunde gewendet habe und noch als ein sehr bejahrter Greis mit den Studirenden oft selbst ausgegangen sey, Kräuter zu suchen.
Unter seinen Nachfolgern... haben allenthalben her Gewächse in einem Garten gesammlet, und endlich der Akademie geschenkt... So wünschten auch alle vorgenannten Männer, einen solchen Garten nach dem Beyspiel anderer Akademien zu bekommen, und haben sich zu verschiedenen Zeiten sehr eifrig angelegen seyn lassen... Vergeblich waren auch die Bemühungen der medicinischen Facultät von 1736–1739... bis endlich ein solcher Garten vor neun Jahren angelegt ward, und zum ersten Aufseher einen Gottesgelehrten, den Hochwohlwürdigen Herrn Samuel Wilke bekam, in dessen Fußstapfen ich seit 8 Jahren getreten bin...

Gesuch vom 25. Mai 1767.
...daß noch in diesem Sommer Anstalt zur Erbauung eines neuen Gewächshauses gemacht werde, weil: a) der allenthalben hereindringende Regen denen Gewächsen den Untergang drohet b) die Gefahr des Einsturzes... nicht allein zum gänzlichen Ruin der Gewächse gereichen kann, sondern auch machet, daß ich so wol als der Gärtner, wie auch meine Zuhörer in den botanischen Vorlesungen nicht ohne Furcht für Beschädigung uns darinnen aufhalten können...

Dazu das Memorandum des Gärtners Martin Hancke von 1786:
... Die Wände sind so verfault und daher löcherig, ob sie gleich alle Jahre ausgebessert werden, daß Schnee und Kälte so stark eindringen, daß wenn Sachverständige das Treibhaus besehen, man sich über die schlechte Beschaffenheit desselben schämen muß... Die Sparren sind auf der hinteren Wand alle abgefaulet und ich wage mein Leben im selbigen, wie leicht ist es möglich, daß mahl eine herunter und mir zum Krüppel, wo nicht gar todt schlägt, und so weit gehet die Pflicht eines Gärtners doch gewiß nicht, sein Leben zu wagen, das doch hier der Fall ist...

Bernhard Alexander Kölpin, 1782/86

Hinter demselben (akademischen Gebäude) ist der botanische Garten. Er ist nur klein: etwa 70 Schritt lang, und ohngefähr eben so breit. Von dem Walle auf welchem die Stadtmauer steht, ist ihm die inwendige Seite noch einverleibt. Zu Sumpf- und Wasserpflanzen ist gar kein Boden vorhanden. Das Gewächshaus ist neu erbaut, nachdem es vor drei Jahren abgebrannt war. Bei dem allen enthält er eine Menge schöner und seltener Gewächse... Eine Seltenheit konnten wir indessen nicht unbemerkt lassen. Dieses war der Gartenknecht, der ohne Vorkenntnisse gehabt zu haben, die Namen aller Gewächse richtig gelernt hatte, sie ohne Fehler aussprach, sich selten einen Augenblick besann, und dabei so bescheiden war, daß er sich nie mit seiner Gelehrtheit geltend zu machen suchte. Daß die Heizung jetzt in den Wänden, und nicht von unten geschieht, scheint nicht die vortheilhafteste Einrichtung zu seyn. Neben dem eigentlichen Treibhause ist noch ein Zimmer mit einem Gestelle, wohin die hiesigen Einwohner ihre Orangerien schicken, um sie gegen eine kleine Vergütung durchwintern zu lassen.

Johann Friedrich Zöllner, 1795

Hinter demselben ist der botanische Garten, der nicht gross ist, aber reich bepflanzt scheint. Er hat ein sehr grosses Treibhaus.

Wilhelm von Humboldt, 1796

Die ersten Vorstellungen über die Gründung eines botanischen Gartens bei der Kgl. Universität – Hortus medicus – bewirkte der Professor Henning in Stockholm im Jahre 1670 vor der Königin Hedwig Eleonore von Schweden...
Obgleich nun die Anlage des botanischen Gartens, bei Gelegenheit der Aufführung des Universitätsgebäudes und hinter demselben bereits schon im Jahre 1750

beabsichtigt worden war, so konnte die Anlage doch erst unter dem Rektorat von Professor Westphal und durch die rastlosen Bemühungen des Magisters und Privat-Dozenten Samuel Gustav Wilke ins Leben treten. Derselbe, ein Schüler von Linné, benutzte seinen Einfluss bei dem Canzler Graf Axel Löven, und erhielt unter dem 7. September 1763 die Genehmigung zur Gründung des Gartens. Die erste Einrichtung wurde derart bewirkt, dass man den Garten in regelmässige Quartiere abtheilte und letztere ringsum mit Buchenhecken einpflanzte. Ein jedes Quartier war mit einer verschliessbaren Eingangspforte versehen und war der Garten nach dem Collegien-Gebäude mit einem Stacketzaun umfriedigt... Am 8. September 1767 fielen die

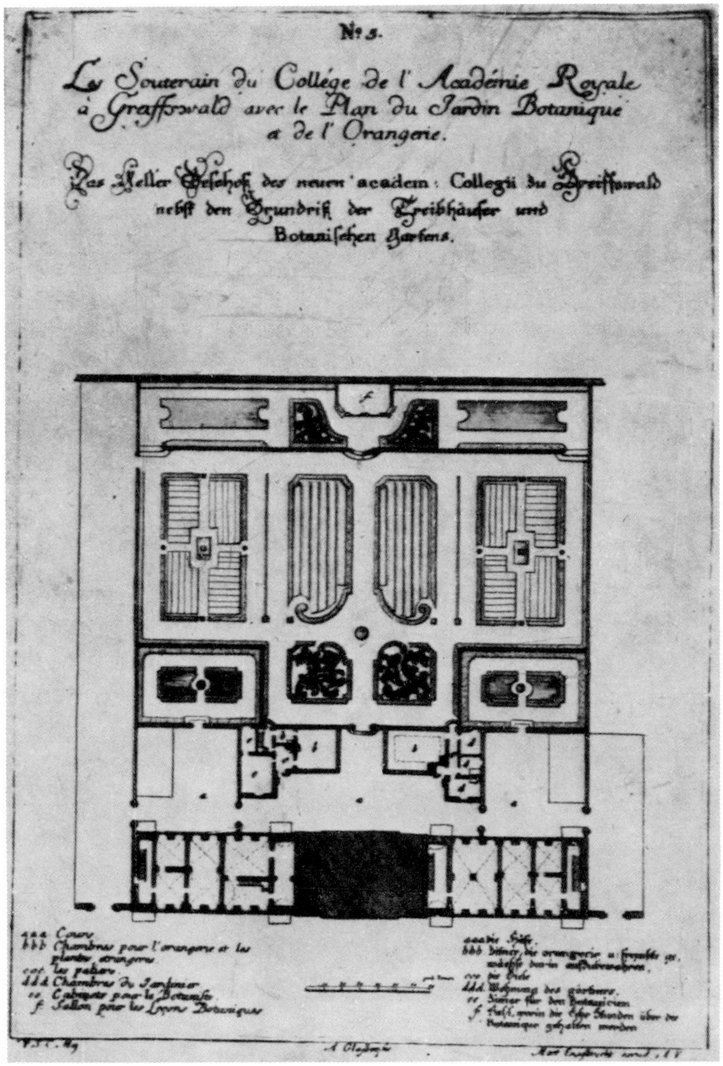

Grundriß des Botanischen Gartens mit Orangerie. Kupferstich von Martin Engelbrecht, 1754

Lehmstaken aus dem Windelboden des alten Gewächshauses und vernichteten 16 Töpfe der kostbarsten und seltensten Pflanzen...

Johann Bernhard Ferdinand Jühlke, 1858

Durchblick vom Botanischen Garten auf den Universitätshof durch eine Mauerpforte. Zeichnung von Carl August Menzel, Lithographie von Ludwig Eduard Lütke, um 1850

Beziehungen zu Schweden

Im Jahr 1707 im Juni von Halle nach Greifswald, wo ich bei meiner Reise durch Wittenberg von Herrn Dr. Neumann, der Professor primarius der Theologie war, überredet wurde, den Magistergrad auf dem Katheder Luthers zu erwerben, wozu ich zwar gar keine Lust hatte; doch auf seine Erklärung, daß ich sonst keine Anstellung an irgend einer Akademie auf deutschem Boden erlangen könne – was ich doch beabsichtigte – ließ ich mich dazu überreden und wurde also zum Magister promoviert unter Dr. Röschell, der Professor für Medizin und damals Dekan war. Als ich dann nach Greifswald kam, disputierte ich sogleich als Präside über Energia exercitationum und bewarb mich darauf um die nach Dr. Ritter vakante Adjunktenstelle in der Philosophischen Fakultät. Dabei fand ich alle Professoren (die keinen Schweden in ihrem Kollegium haben wollten), aber vor allem Dr. Mayer mir vollkommen entgegen. Doch brachte ich es so weit, daß sie alle, obgleich gegen ihren Willen, selber mich dazu vorschlagen mußten. Während der folgenden Zeit war ich Präside für verschiedene Disputationen, disputierte auch zweimal in der Theologie, unter dem Präsiden Mayer, schrieb aber die Disputationen selbst.

Im Frühjahr 1710 starb Paltenius, der Professor für Geschichte und Moral war. Da bewarb ich mich um diese Stelle, wozu ich auch große Hoffnung hatte, nicht nur weil ich und niemand sonst an diesem Ort in Geschichte und Moral disputiert hatte, sondern auch viele Kollegs mit Applaus gehalten hatte; und obgleich auch da nicht nur das ganze Concilium academicum und vor allem Dr. Mayer sich aufs höchste mir mit wunderlichen Intrigen widersetzte, so wurde ich doch im selben Jahr im Juni durch königliche Vollmacht zum ordentlichen Professor für Geschichte und Moral an der Königlichen Akademie in Greifswald verordnet, welches Amt ich auch sogleich antrat. Inzwischen konnte jedoch Dr. Mayers unruhiger und gehässiger Sinn gegen mich nicht besänftigt werden, sondern er unterfing sich, eine skandalöse Schrift gegen mich unter Namen und Sigel des akademischen Conciliums zu schreiben, von der die anderen Professoren durchaus nichts wußten. Die schickte er an den Königlichen Senat in Stockholm und meinte, mich so auf einmal aus allem zeitlichen Wohlergehen zu stürzen. Mit viel Mühe, Künsten und Kosten bekam ich endlich heimliche Kenntnis seiner Lästerschrift durch den Regierungsrat Lagerström in Stettin. Ich wies sie sogleich mit meinen eigenen in Druck herausgekommenen Schriften, mit Vernunftgründen, und schließlich mit den Zeugnissen der meisten Professoren ab, die ich also dem Königlichen Senat übersandte, worauf von dem besagten Königlichen

Senat eine grausame Zurechtweisung an Dr. Mayer geschickt wurde, die er sich mit Tränen im akademischen Concilium vorlesen lassen mußte. Inzwischen starb der Hauptpastor Bille hier in Umea. Sobald mein seliger Bruder Anders Grubb in Stockholm davon erfuhr, bewarb er sich ohne mein Wissen für mich um dieses Pastorat, weil er mir keine Nachricht geben konnte, weil damals keine Post zwischen Pommern und Schweden ging. Im Januar 1711 bekam er auch die Vollmacht darauf für mich. Im selben Jahr im März, als die erste Postyacht von Ystad nach Stralsund kam, erhielt ich einen Brief darüber mit einer Vollmacht, worüber ich sehr bestürzt wurde, weil ich mir selber aus dem Sinne geschlagen hatte, Pfarrer zu werden wegen der großen Verantwortung, die ich dabei fand. Auch fand ich, daß ich sozusagen zum akademischen Leben geboren wäre, wozu ich eine ungemeine Lust und Neigung hatte. Doch nahm ich dies als eine Fügung Gottes an und wagte also nicht mich zu weigern; obgleich ich es oft dachte und wollte, entschloß ich mich also im Monat Juni 1711 meinen Beruf aufzugeben und die Zeit, die ich noch frei hatte, zu einer Reise durch verschiedene fremde Orte anzuwenden. Ich reiste also von Greifswald nach Hamburg und weiter durch Hannover und Westfalen nach Holland und besah dort verschiedene Akademien und Städte...

Nils Grubb, 1710/1711

in Naturwissenschaften der Schwede Brismann, ein heller lebendiger Kopf; in der Philosophie Muhrbeck, auch ein Schwede, ein scharfer Denker und eifriger Wolfianer, von einem trefflichen Vortrage und tüchtiger Gelehrsamkeit: dieser alte Schwede war von unendlicher Lebhaftigkeit und Heftigkeit; noch klingt' mir's in den Ohren, wie er, wenn er meinte, Kant in den Temperamenten aller vier Winde zusammengehauen zu haben, im Feuer seines philosophischen Zorns im gebrochenen Schwedisch-Deutschen ausrief: »Und nun? was will du nu, Kant, Vir juvenis?«...

Ernst Moritz Arndt, 1791

Lübeck d. 3. Febr. 1795.
Liebster Peleu!
Ich schreibe nun deutsch, aus der bittersüsse nothwendigkeit, dass ich ihre sprache, zum wenigsten grammatikalisch, verstehen muss, um die ehre einer Deutschen Academie heilig zu halten: nehmlich der Greifswaldischen: als wo der allgewaltige Gnade mir das Bibliothecariat, mit einer neuen Lection über die Schwedische Literatur geschenkt hat. (Im schwedischen, und für die schwedische Jugend dort

sammt denen, die eine schwedische Litteratur lieb haben würden.) Die Bibliotheck hällt 30000 volumen; io! io!...

Thomas Thorild, 1795

Das ganze Land ist in Bewegung. Hier, an der äussersten nordischen Grenze Germaniens, ist ein allgemeines Fest. Wir sagen zueinander: Der König ist hier; und diese Worte haben für uns eine wichtige, eine hohe und eine liebe Bedeutung. – Nun, wo Eure Königliche Majestät als Sieger – nicht über blutig geschlagene Heere, die Rache vom Himmel herabrufen, sondern über Kinder des Friedens, die den Segen begehren – in die Mauern des uralten Greifswald gekommen ist, hat die hiesige Akademie versucht, sich die gnädige Aufmerksamkeit von Euer Königlichen Majestät zu verdienen.

Jacob Wallenius, 1800

Brief von Friedrich Arndt an seinen Bruder Ernst Moritz.
Greifswald, den 10. August (1806.)
... Von unserm großen pommerschen Reichstage soll ich dir erzählen? O alle Wetter! Könnt' ich doch so große Augen machen und das Maul so weit aufsperren als die meisten, um dir als die Fama Gryphiswaldensis die großen Thaten und Begebenheiten der letzten Woche zu erzählen! Aber du weißt, zum Spaß kann ich wohl schiefe und breite Mäuler machen; aber zum Ernst? Ich glaube, es müßte ein gewaltiger Ernst kommen, um meinen Leichtsinn bei solchem Pomp zu bewegen. Selbst für ein schiefes Maul kommen mir diese Geschichten viel zu klein vor... Spaß bei Seite, es war wirklich prächtig und die greifswalder Weiber und Dirnen haben umsonst eine Schau gehabt, wovon sie noch ein Vierteljahr sprechen können. Ferner Bälle Schmäuse hübsche Fähnriche und Leutnante, preußische Parlamentäre mit wehenden Federbüschen, Lügen und Gerüchte in Menge. Was doch die geborne Herrschaft des Menschengeschlechts auf unsere Kosten für glückselige Tage lebt!... Die Verkündigung des Reichstags und der Auftritt war wirklich prächtig und ward vom Geschrei und Hurra aller Straßenjungen und dem Schnupftuchschwenken aller hübschen Dirnen aus den Fenstern begleitet; denn der schöne Kanzler Wetterstedt dein Gönner saß stattlich als Reichsherold zu Pferde und zwei Lions d'armes... ritten neben ihm. Und zuletzt die Eröffnung des Reichstags. Das nahm mich wirklich weg; man vergißt sich in dem Augenblick. Das wäre für ein Volk von Millionen Seelen prächtig gewesen; wie sollte es nicht für ein Völkchen von 130000 ausgereicht haben? Der König, die Magnaten, Reichsherren, Landmarschall, Reichsherold, Generale, Seraphinen-

und Schwertritter, die schönen langbeinigten Schweden, unsre bunte Junkerei, Bürgermeisterei, usw. dazu, Trompeten, Posaunen, Kanonenknall. So begräbt man hier das alte deutsche Reich in neuer schwedischer Freiheit.

Wir haben also jetzt die vier schwedischen Stände: Adel, Priester, Bürger, Bauren. Pontus de la Gardie Reichsmarschall; du kennst gewiß den hohen stattlichen Mann, er sieht wirklich dessen nicht unwürdig aus, der einst die Moskoviter in Novogrod und selbst in Moskau zittern machte. Unser alter Superintendent Schlegel für die Priester, gebückt und demüthig und auch konfus genug in Schritt und Gebärde, um unsre deutschevangelische Theologie mit all ihrer Konfusion darzustellen. Die Meister der andern beiden Stände wohl ausgegriffen: der Bürgermeister Kühl aus Stralsund und der königliche Pächter Karl Samuel Ascher aus Neuendorf bei Loitz für die Bürger und Bauren. Du kennst ja Kühl: lebensmuthig, witzig und beredt, und wenn er sich in die Brust wirft, könnte er wohl einen Reichskanzler vorstellen. Und unser Samuel? der ehrliche Kerl mit seinem frischen runden Kopf und tapfern Schenkeln braucht sich nicht in die Brust zu werfen; er hat draußen und drinnen Brust genug und die helle Stimme geht ihm auch nicht ab. Der wäre schon gut als Baurensprecher, wenn wir nur selbstständige Bauren hätten. Was mich, den Vertreter der rügenschen Hauptstadt betrifft, so bin ich bis jetzt wenig zum Sprechen gekommen Der Weisel (d.i. der schwedische König) aber hat es gar leicht mit uns, wir sumsen kaum und stechen können wir nicht... Ich bin freilich von dem deutschen Patriotismus leider nur mittelmäßig angefochten, aber es giebt doch Klänge, Klänge wie Gewissensklänge von dem, was wir haben sollten, was wir verloren haben und nicht verloren haben sollten. Daß dieser Schwedenkönig hier so von Deutschland und von dem deutschen Reichsadler klingen muß!... Er sprach die Worte mit seinem vollen ehrlichen Ehrlichsten Ernst, aber die meisten seiner Schweden greinten, wenigstens die fern hinten stehenden, und natürlich unsre meisten Junker auch...

Greifswald, den 15. August.
...aber doch lieber Bruder, dieser Spaßreichstag... ist mir zum Spaße zu tragisch... dies Ding und Treiben hier ist mir oft unbeschreiblich traurig... eben weil das an sich Ehrwürdige eine starke Mischung des Lächerlichen hat. Wenn man über Dinge lachen könnte, worüber Gott das Lachen verboten hat, so holte einen der Teufel. Nun holt mich hier oft die höllische Langeweile... Wir haben nun vier Stände modum regni sviogothici, wir wollen Städte gründen, Häfen bauen, Ströme, die kein Wasser haben, schiffbar machen, einen freien Baurenstand stiften. O! und wir beginnen schon uns über die Rechte und Vorrechte der Stände zu streiten...

Greifswald, den 19. August.
Der Reichstag ist abgeblasen und alles geht zu Hause. Mir ist's lieb, daß diese Tragikomödie ein Ende hat... Was Er wieder für prächtige Worte gesprochen hat! Ich meine unser König. So klang es ungefähr zum Schluß: ... »Mögte Ich einst den Tag noch erleben, wo ich Deutschland als mein zweites Vaterland zu der Macht und dem Glanz wiederhergestellt erblicke, wozu seine achtungswürdige Nation und der Ruhm von Jahrhunderten ihm ein Recht geben!«

Friedrich Carl Arndt, 1806

Vater ist zum Landtag in Greiffswald. Der König hat dies Land zu einem Theil von Schweden erklärt. Nun kommen Schwierigkeiten wie das schwedische Gesetzbuch und die Schw. Justizpflege hier her zu bringen ist. Da wir hier in beyden Rechten nemlich in Recht und Unrecht aufgeklärter und complicirter sind wie die Schweden sodaß mit den Paar Verordnungen nicht auszukommen ist, und das Gesetz zu einfach für uns hier ist, auch soll die Appellation nach Stockholm. Was auch nicht gehen wird. Der König wills aber, nun ist denn der Landtag wo sie sich erst 8 Tage lang – der König den Ständen – die Stände den König und sich unter ein ander Complimentirt haben und sich gesagt wie fürtreflich sie sind – gewesen sind und seyn werden und das Ende ist daß der König seine Schulden hier bezahlt haben mögte die fürs Land zu drückend sind und daß er trotz dem Preußen nicht so viel zu verdanken haben will daß man eine Suppe dabey kochen könnte. Wir kriegen also künftig alles Holz aus Schweden – Bau- und Brennholz, im Lande hier sollen Flüße Schiffbar gemacht und Kanäle gegraben werden, auf Rügen wird eine Stat erbaut und Stralsund wird seiner Vorstäte bis auf Canonenschußweite beraubt. Noch können die Herrn sich nicht einig werden und es ist nun ein Engerer Ausschuß von Deputirten gewählt worunter unser Vater auch ist. Anfang künftige Woche wird indeß das Ende zu erwarten seyn...

Philipp Otto Runge, 1806

Den 4. Junius. 1807
Ein sehr feierlicher Tag. Der König zog um 10 Uhr unter Pauken und Trompetenschall, Schwenkung der Fahnen und Paradiren des Südermanlandschen Bataillons und einer Escadron Carabiniers, die zu seiner Bedeckung hier angekommen waren, in Greifswald ein. Er ritt durch die Glieder der aufgestellten Bürger und stieg beim Archiater Haselberg ab. Allein nur bis Mittag blieb er hier... Um 10 Uhr des Abends kam der König wieder, und da brachten die Studenten ihm Fackeln.

1808. Den 4. Januar.
Heute sind alle Schwedischen Wappen hier abgenommen und die Kaiserl. Französischen Insignien angeschlagen. Vom Anfang dieses Jahres wird alles auf des Kaisers Napoleons Namen administrirt, die Courtoisie ist nach Französischem Fuß eingerichtet, allen Gerichten sind ihre alten Siegel abgenommen.

Den 6. Januar.
Auf Veranlassung des Rectors der Akademie sind die Bilder Gustavs III. und des General-Gouverneurs v. Essen aus dem Auditorium genommen, um in keiner Weise die Franzosen zu erbittern.

August Friedrich Barkow, 1807/1808

...Auch hielt der König im August einen allgemeinen Landtag schon ganz auf schwedischem Fuß mit den vier Ständen, was dort etwas Neues und Unerhörtes war... Es ist unglaublich, mit welcher Wichtigkeit dies alles betrieben wurde und wie der König nur in seinem kleinen Pommern und in Entwürfen und Planen für dasselbe lebte und webte, als könne er sich hier gleichsam ein zweites und mächtiges schwedisches Reich erbauen. Denn nicht allein von neuer Gesetzgebung war die Rede, sondern von neuen Kanälen, Häfen, Werften, Städten; und zwar zu einer Zeit, wo dies kleine Pünktchen in dem vulkanischen Ozean der Weltrevolution verschwinden mußte. Bei einem tragischen Gefühl, das die Erinnerung jener blutigen Tage mit sich führt, erscheint einem dieser Bau in der Ungewißheit aller damaligen Dinge fast lächerlich und Napoleons wilder Thätigkeit gegenüber, der eben jetzt alte Herrscherstühle umstieß und neue aufrichtete, fast wie ein unschuldiges, poetisches Kinderspiel...

Ernst Moritz Arndt, 1839 (1806)

Die Wege fangen hier schon an, norddeutsch, d.h. schlecht zu werden, doch aufs Ganze gesehen nicht schlechter als die schonischen, bevor man nach Greifswald kommt. Das Land hat ganz dasselbe Aussehen wie Schonen: flach einförmig, hier und da mit ein paar Buchen geschmückt, volkreich und im allgemeinen auch fruchtbar... Greifswald ist eine kleine anmutige Stadt, deren umgebende Natur etwas Unschuldiges und Einladendes hat; doch muß ich gestehen, daß das letzte, fast grundlos sandige Stück Weges meine Geduld sehr auf die Probe stellte. Nichtsdestoweniger kam ich am frühen Abend an und meinte zu finden, daß die Stadt wirklich das hielt, was sie von außen versprach. Die Bewohner sind freundlich, gastfrei und sehr schwedisch gesinnt. Diese Gesinnung, die im ganzen früheren Schwedisch-Pommern herrscht, beweist auch im Süden der Ostsee, wie milde und wohlwollend das schwedische Zepter ist. Es gab gleichwohl eine nicht sehr lange zurückliegende Zeit, wo die Herren Pommern das nicht erkennen wollten und wo man oft den Wunsch hörte, daß die Franzosen je eher desto lieber ihre politische Lage ändern möchten. Sie sind nun genug bestraft. Ich habe noch nicht viel von Preussen und Deutschland gesehen, aber doch genug, um Gott dafür zu danken, daß wir noch Schweden sind...

Ich beschloß meinen Aufenthalt dort damit, daß ich ganz unerwartet noch einen dort wohnenden redlichen Schweden kennen lernte, einen Professor der Naturkunde mit Namen Tillberg, einen Mann, in dessen Hause die schwedische und die deutsche Gutmütigkeit um das freundliche Benehmen gegen den nordischen Gast wetteiferten.

Per Daniel Amadeus Atterbom, 1817

Bekanntlich hat beinahe zwei Jahrhunderte hindurch der schwedische Scepter über Vorpommern geherrscht. Seine Herrschaft war sanft und mild; während das übrige Deutschland mehr oder weniger vom militärischen Despotismus geknechtet oder von Finanzkünstlern ausgesogen ward, hielt die Krone Schweden die Rechte der einzelnen vorpommerschen Corporationen und Gemeinden mit rühmenswerther Gewissenhaftigkeit aufrecht; nirgends konnte die alte Sitte, der alte mannhafte, selbst trotzige Bürgersinn sich so ungehindert erhalten, nirgends war der Einzelne in seinem Kreise so frei, so unbelästigt; man wußte in Schwedisch-Pommern kaum, daß regiert ward...
...daß mit Einem Wort in diesem entlegenen verlorenen Zipfel Deutschlands deutsche Wissenschaft und deutsche Bildung lebendig geblieben sind, das verdanken wir vornehmlich der Universität Greifswald... sie mußte sich sozusagen mit der Rolle der wirthlichen Hausfrau begnügen und mußte es ihren glücklichern Schwestern überlassen, die par excellence Geistreichen und Interessanten zu spielen... Der eigentliche Schwerpunkt der Universität, der Punkt, von dem aus sie ihr geistiges Leben erhielt, der war doch nicht in Stockholm, der war und blieb in Deutschland... Es ist in hohem Grade charakteristisch, daß in Greifswald zur Zeit der schwedischen Herrschaft deutsche Sprache und Literatur auch von Seiten der Universität mit einem Eifer gepflegt wurde, von dem man auf der Mehrzahl der damaligen deutschen Universitäten nur wenig verspürte. Schon um Mitte des vorigen Jahrhunderts, also zu einer Zeit, da die vaterländische Literatur eben erst im Begriffe stand, aus hundertjährigem Schlafe zu erwachen, war Greifswald der Sitz einer deutschen

Gesellschaft; die »Greifswalder kritischen Versuche« aber, die hier zu derselben Zeit erschienen... gehörten zu den angesehensten kritischen Journalen jener Epoche.

Diese Gesinnung wurde bestätigt in der Rede des Freiherrn v. Boye bei der Übergabe der pommerschen Stände an Preußen am 23. Okt. 1815: Meine Herren Deputierte von der Akademie in Greifswald! Unermüdet beschäftigt mit der einheimischen Literatur blieben Sie mehr als irgend eine andere hiesige Korporation dem schwedischen Volke fremd. Gleichwohl haben so manche unserer Kinder, die unter Ihrer Leitung gebildet wurden, bei uns Kenntnisse und eine Aufklärung verbreitet, für welche Ihnen das Vaterland dankbar sein muß.

Das Greifswalder Jubelfest..., 1856

Dagegen haben wir die zweite Merkwürdigkeit erblickt, nämlich den schwedischen Major. Bekanntlich stand Greifswald mit Neuvorpommern von 1648–1815 unter schwedischer Hoheit. »Der schwedische Major« wie er allgemein hieß, war 1872 schon über achtzig Jahre alt. Er war in seiner Jugend in Schwedische Dienste gegangen und hatte es dort bis zum Major gebracht. Als solcher hatte er seinen Abschied genommen und verbrachte nun seinen Lebensabend in seiner Vaterstadt. Er war ein guter Preuße geworden. Wenn aber nach deutscher Art oder vielmehr Unart auf die schlechten Zeiten geschimpft wurde, summte er wohl vor sich hin: »Ja, ja, unter den drei Kronen, da war noch gut wohnen.«

Fürst Bernhard von Bülow, 1872

Ich fand in Greifswald eigenthümliche Zustände. Die Provinz Neuvorpommern hatte beinahe zweihundert Jahre lang zu Schweden gehört; Schwedisch-Pommern hatte man sie früher genannt. Auf dem Wiener Kongreß war sie an Preußen abgetreten. Schwedisches Regiment und schwedisches Leben waren noch in den dreißiger Jahren zu erkennen; von der Suppe an, die in der Mitte der Mahlzeit verzehrt wurde, von der mit einer gewissen Frivolität der nordischen Franzosen genährten Leichtlebigkeit, bis zu dem dicken Zopf und dem patriarchalischen Geiste der Behörden, bis endlich zu dem unabhängigen Charakter und freien Sinne des Volkes, einem deutschen Mannessinne...

Jodokus Donatus Hubertus Temme, 1883

Das Studentenleben ist indes vollkommen deutsch. Keine schwedische Reminiszenzen leben darin fort, soweit ich er verstehen konnte. Dagegen hörte ich, daß der bürgerliche Turnverein in Greifswald an einem Tag in diesem Monat (Juni) immer einen »schwedischen Ulk« feiert, eine Art Biersommerfest im Grünen. »Schwedischen

Banco« gibt es zu kaufen, aber es gibt ihn nur ausnahmsweise und als Likör. »Ein Däne« bedeutet entweder dasselbe wie ein »Kornschnaps« oder auch ein großes grobes – Pferd... Für Essensgerichte hat man manchmal schwedische Namen: Schwedischer Vortisch, was smörgåsbord bedeuten soll, »schwedische Bombe«, eine Nachspeise, »Schwedischer Limburger Käse«; aber nichts von diesen Gerichten hat das geringste gemeinsam mit denen, die man in Schweden zubereitet ißt. Indes möchten weder die schwedischen Essensgerichte noch die Schweden selber unbeliebt sein: »Alter Schwede« ist ein Kosename...

Fredrik Åkerblom, 1892

Es muß betont werden, daß die schwedische Regierung sich ihrer Verpflichtung gegen Greifswald mit wenigen Ausnahmen bewußt gewesen ist. Man darf in der Beurteilung ihrer Haltung nicht außer Betracht lassen, daß Schweden durch schwere, verlustreiche Kriege erschöpft war und ohnehin für zwei Universitäten im eigenen Lande, Upsala und Lund, zu sorgen hatte. Die von ihm berufenen, in Stralsund residierenden Generalstatthalter, die mit der Amtsbezeichnung Kanzler für die Universität zu sorgen hatten, waren fast ausnahmslos geistig hochstehende, von der Aufklärung berührte Männer, die für ihre Aufgabe Verständnis besaßen. Besonderer Beliebtheit erfreute sich Graf von Essen, der von 1800–1815 das Kanzleramt innehatte.

Versuche, die Universität in schwedische Eigenart überzuführen, sind nicht unternommen worden. Die kleine Anzahl schwedischer Gelehrter, die hier Unterkunft und Tätigkeit fanden, und die wenigen schwedischen Studenten bedeuteten für das Ganze nichts... Die Professorenschaft fühlte sich deutsch und wollte deutsch bleiben.

Victor Schultze, 1931

...will ich vom »Schwedenulk« erzählen. Greifswald ist erst im Jahre 1815 deutsch geworden, vorher war es schwedisch. In meiner Jugend bewahrte meine Heimatstadt noch zwei Erinnerungen an die Schwedenzeit: Das »Gasthaus zu den drei Kronen« und die Bezeichnung »Schwedenulk« für das Schützenfest. Ich kann hier die große Veranstaltung, die alljährlich im Juli stattgefunden hat, nicht im einzelnen beschreiben. Jeder, der damals in Greifswald groß geworden ist, kennt dieses Fest.

Albrecht Peiper, 1967

...die Bedeutung der pommerschen Hochschule... erwächst aus seiner geographischen Lage.
Während der fast 200jährigen Verbundenheit mit der Krone Schwedens hat die Universität ihren Charakter als eine deutsche Hochschule nie verloren. Wenn die Vorpommern die Schwedenzeit nie als Fremdherrschaft empfunden haben, wenn diese im Gegenteil bei ihnen noch heute als die gute, alte Zeit fortlebt, dann liegt das zum Teil daran, daß die Schweden niemals daran gedacht haben, ihre deutschen Provinzen zu »schwedisieren«, der Wert für sie ja u. a. darin bestand, daß sie ihnen eine unmittelbare Verbindung mit dem »Heiligen Römischen Reich«, mit der »großen Welt« schenkten. Gewiß sind späterhin eine Anzahl schwedischer Professoren für kürzere oder längere Zeit an der Universität tätig gewesen – im ganzen waren es zwanzig – aber es war eine Selbstverständlichkeit, daß diese deutsch lasen, denn auch die schwedischen Studenten, deren Zahl naturgemäß etwas anstieg, kamen ja nach Greifswald in erster Linie, um deutsch zu lernen und deutsche Wissenschaft zu studieren. Ihre Zahl betrug selten mehr als ein Zehntel der Gesamtheit. Nur um die Mitte des 18. Jahrhunderts waren sie eine Zeit lang in der Überzahl. Alles in allem sind laut Universitätsmatrikel bis 1815 rund 1500 Schweden in Greifswald immatrikuliert gewesen.

Johannes Paul, 1956

Alltagsleben

Anno 1551. Lunae 2 Februarij war zum Gripswalde meine Hochzeit; ging auf den Nachmittag (alten Gebrauch nach) auf den Stein. Und dieweil ich fast der letzste Breutigam, so auf den Stein ging, achte ich nicht unzimblich, den ritum zu beschreiben, darin dieser Process gehalten worden.
Auff den Nachmittag nach dreyen, als auf den Abendt die Hochzeit angön solte, versamlten sich die geladen, unnd dem Breutigam Beistand leisten wölln, zu ihme, gingen nach dem Marckete nach der Seiten der Schuestrassen, der Brautmann zwuschen zwen Burgermeistern, oder, so die nicht vorhanden, den Furnemsten in dem Proceß. In der Tühren auf der Schwellen des Hauses, recht auf der Schuhestrassen Ortte, lag ein vierkantig Ehlstein; dar gingk der Brautman allein hinauf, die andern alle blieben ungefehr 50 Schritt zurück in ordine, wie sie gangen. Da stunt der Brautman gar alleine, unnd die Spielleute midt iren Pfeiffen, unnd hoffirten jhme, etwan ein Par pater noster lang; kam alsdann der Brauttman wider herunter zwuschen den beiden Burgermeistern, oder bei den er vorgangen, unnd gingen also samptlich nach dem Hause, darin die Hochzeit sein solte, da wurden Braut unnd Breutigam zusammende gegeben...

Bartholomäus Sastrow, 1551 (1595)

Ungefährliche Bedenken, welcher Gestalt m.gn.junge Herrn zum Gripswalde möchten unterhalten werden (1557).
...Frisch Fleisch zu braten und zu kochen: Acht ich dafür, wenn es zum Gripswalde und etwas guts zu bekommen wäre, daß es jeder Zeit da gekauft würde... Wo das aber nicht geschehen könnte, müßte ein Pferd zum wenigsten zur Eldena gehalten werden, das mit einem leichten Wagen gen Wolgast der Küchenschreiber führe und von Wolgast frisch Fleich zu braten und zu kochen holet.
Hühner, Eier: Müßte den Bauern im Eldenawschen Amte angesagt werden, daß sie dieselben niemand verkauften, sondern dem Amtmann zur Eldena zu bringen, der es allewege zur Notdurft hineinschickte...
Frische Fische: Müßte meines Erachtens ein nasser Kahn, der verschlossen wäre, für die Herrn gehalten werden, da notdürftige Fische für die Herren ingesetzt würden. Dieweil es aber im Sommer darin nicht wohl leben will, wird durch den Hauptmann zur Eldena mit den Leuten auf der Wike, daß die Herren um ihr Geld, wann Fische gefangen oder vorhanden, vor andern etwas bekommen mögen oder da sie an der

Brücke ankämen, um Geld gekauft würden. Gleichergestalt müßte es Winterszeiten, wenns gefroren und die nassen Kahnen nicht gehen, auch gehalten werden.
Holz kann der Hauptmann von der Eldena seines Verhoffens Notdurft schaffen...
Kohlen müßte durch den Amtmann, soviel nötig, bei den Köhlern besprochen werden, oder aber selbst kohlen zu lassen...
Wildbret kann Winterszeit zuweilen von m.g.H. eingeschickt werden, auch Sommerszeiten, wenn S.F.G. zur Eldena oder Campe liegt. Keller: Müßte notdürftig Bier von der Eldena verschafft werden... Weißbrot müßte zum Gripswalde bei einem guten Bäcker, der etwas guts bäckt, soviel täglich aufgehet, gekauft werden. Roggenbrot muß von der Eldena;...
Almissen-Brot muß von der Eldena auch geschickt werden...
Wein muß in Tonnen und jedesmal eine Tonne von Wolgast für die Herren geschickt werden...
Dieweil auch zu S. Niklas-Kirchen kein bequemer Ort ist, da die Herren bequemlich stehen möchten und Gottes Wort hören könnten, denn die Bürger sich nicht aus ihren Stühlen gerne werden wollen entstehen lassen, so wird sich der Rat aus seinem Stuhle auch nicht gern begeben. Es ist aber eine Kapelle, darinnen die Professoren stehen; vor derselben sind viel Stühle, da der gemeine Mann inne stehet. Wann die Herren nu in der Kapellen stehen sollten, müßten die Stühle weggebrochen und an ander Örter gesetzt werden, und den Professoren ein ander Ort und Stand gebauet werden.

Michael Küssow, 1557

Und kam mür ihr tracht, fürnemlich der weüber, selzam für, wüe sie zur kürchen gen, tragen lange mantel oder husacken von gewandt, düe eine halb grün, halb blau, düe ander halb rot, halb gelb, düe dritt von andern hohen vertheilten farben, yederzeüt zwo underschidliche hohe farben, wölches bey inen wol stöth und süe gedunct, schön sein, sein zertheilt gleich als bey unnz düe schergen oder büttel.

Samuel Kiechel, 1586

Ich darf eine Einrichtung nicht unerwähnt lassen, obgleich sie gering erscheinen mag, die ich zuerst hier und dann in mehreren deutschen Städten bemerkt habe,daß ein Mann auf allen Straßen umhergeht, wenn Waren zum Verkauf zur Stadt gekommen sind, und diese, samt den Preisen durch Ausrufen bekannt macht. Der Verkäufer bezahlt seine Mühe, die Einwohner finden darin ihre Bequemlichkeit, und ein armer Mann seinen Unterhalt.

Jonas Apelblad, 1757

Der empfindlichste Mangel hier ist ein gutes Glas Bier oder Wasser, welches hier nicht recht genießbar zu haben ist, jedoch kann man letzteres aus einem Dorfe ziemlich gut, jedoch für baares Geld nur, haben...

Ernst Moritz Arndt 1791

Ein schönes Menschengeschlecht findet man auch in den andern großen Städten Pommerns, vorzüglich in Wolgast und Barth, viel weniger in Greifswald, welches schlechtes Wasser und schlechte Luft, und natürlich also, obgleich eine Universitätsstadt, auch schlechtes Licht hat...

Ernst Moritz Arndt, 1892

Über einen Punkt ist Greifswalde sehr übel dran. Es hat kein trinkbares Wasser. Das Wasser muß eine halbe Meile von der Stadt, in Cöthenhagen, einem Dorfe, geholt werden.

Johann Karl Friedrich Rellstab, 1797

Brunnenhaus in Koitenhagen. Sepia von Anton Heinrich Gladrow, 1812

...vor meinem Fenster steht ein Brunnen, und da diese Stadt kein genießbares Trinkwasser hat, so kommt nun alles und holt aus diesem Brunnen, der hier einzig ist, Wasser, und so lerne ich gleich den ersten Tag die ganze race der Weiber von Greifswalde kennen, ohne einen Fuß zu rühren, denn ich liege im Fenster und rauche mein Pfeifchen dazu.

Karl Friedrich Zelter, 1820

Der aus der Ferne hier Einziehende wird ein besonderes Streben nach häuslicher Ordnung, Reinheit und Zierlichkeit gewahr. Die kleinste Tagelöhnerwohnung in abgelegenen Gassen, oft nur mit einem einzigen Fenster, zeigt dasselbe inwendig mit Gardinen und mit Blumentöpfen verziert. Kleidung und Betragen der untern Klassen ist wie in grossen Städten. Die sogenannte gebildete Welt zeigt feinen Geschmack und besondere Neigung zur Eleganz, dabei willfährige, höfliche und einnehmende Sitten... Der Ton der Gesellschaft ist bescheiden, sittsam voll natürlicher Güte und Treuherzigkeit. Die Pommersche biedere Ehrlichkeit leuchtet als Grundzug des Charakters hervor... Viele Kapitalisten und Edelleute halten sich beständig, oder zur Winterzeit in der Stadt auf... Die reichen und wohlhabenden Bewohner grosser Häuser bewohnen sie meistens allein, daher die Miethwohnungen zum Unterkommen solcher Familien, welche mit Anstand und geräumlicher Bequemlichkeit wohnen wollen und müssen, selten und theuer sind. Dieser Umstand würde vorzüglich die akademischen Lehrer drücken, wäre nicht seit alten Zeiten diesem Bedürfnisse begegnet und den ordentlichen Lehrern Amtswohnungen erbauet worden. Wohnungen von ein und zwei Zimmern dagegen sind hinreichend vorhanden und für billige Preise zu miethen. Eine gewöhnliche Studentenwohnung mit Heizung im Winter wird mit zwanzig Thalern drüber und drunter bezahlt. Die Lebensmittel sind für billige Preise zu haben, man kann wenigstens behaupten, dass ein lediger Mensch wohlfeiler, als in jeder andern Universitätsstadt leben kann.

Peter Friedrich Kanngießer, 1821

Es ist doch wunderbar daß etwas entschieden Gutes so schwer Eingang findet, im Großen wie im Kleinen. Warum könnte man nicht in Greifswald wie in Dresden durch Glockenschläge bezeichnen wo die Gefahr sei, z.B. Fetthen Thor 2mal anschlagen, Stein(bekker) 3mal, Mühl(entor) 4 Fleischer Thor 5 und wenn es in der Stadt brennt 6mal mit kleinen dazwischen Innehalten von Thurm angeschlagen werden, so wüste doch ein jeder wo er sich in der Hauptrichtung hinzuwenden habe. Wenn aber der Lärm auf der Gaße groß wird so hört man öfter die Glocken nicht mehr, da müßen die

Nachtwächter dieselben Zeichen geben durch Hörner. In einen jeden Hause muß die Feuer Zeichen für einen jeden zu lesen geschrieben stehen – dieses habe ich gesagt, wohl wissend daß alles beim alten bleibt, wenn es gleich kein Geld kostete.

Caspar David Friedrich, 1824

Der höchste Punkt von Greifswald, das Pflaster der Nikolaikirche, erhebt sich nur um 21 pariser Fuß über dem mittleren Wasserstand der Ostsee; die Brunnen der Stadt geben nur Moorwasser, und das Trinkwasser muß von außenher bezogen werden.

Friedrich Wilhelm Otto Beumer, 1879

Während des Spazierganges am Nachmittag wurde eine gut eingerichtete Badeanstalt besehen, besser als wir eine in Stockholm besitzen, die ein Kapitän Rühs, Schwede von Geburt, hat einrichten lassen...

Kuhstr. 14/15, eingerichtet i. J. 1830. Es wurden Warm-, Schwefel-, Moor-, Sool-, Dampf-, Regenbäder gegeben; später auch elektrische Anwendungen. Unten befanden sich die Bäder, im oberen Stockwerk Logiermöglichkeiten, in Hof und Garten gab es eine Brunnenkur.

Magnus af Pontin, 1830

Es war in Greifswald gerade Messe und es fehlte ihr keines jener Attribute eines regen, rührigen, scherzhafternsten Volkstreibens, die sich auf einem süddeutschen Jahrmarkt zeigen; eine Harfnerin verdrängte die andere, eine Mordgeschichte wurde nach der anderen abgeorgelt, und mein Lebtage habe ich nicht so viele rosige Gesichter unter Meßbuden herumwandeln sehen, als hier, und während ich schreiben will, spielt unter meinem Fenster eine possierliche Affenkomödie...

Friedrich Mayer, 1833

Zu den Eigentümlichkeiten Greifswalds gehörten die auch von anderen erwähnten Fischweiber, die in früher Morgenstunde, wenn Bruder Studio noch in Morpheus Armen ruhte, die Straßen durchzogen; jede schob eine Karre vor sich, alle fünf oder mehr hintereinander gehend, riefen mit hohen und mit tieferen Stimmen in merkwürdigem Tonfall hoch ansetzend, dann sinkend und langgezogen: »Hi-o-o-lt«, worauf mehr gesprochen als gesungen folgte »frischen Hiring«! oder »Hurnfisch« (Hornfisch, mit grünen Gräten). Wer sie zum ersten Male hörte, fragte wohl erstaunt, was ist das für ein »Gesang der Geister«?...

Max Spiecker, 1874

Die Stadt ist friedlich und still, ausser des Mittwochs, wo alle, die Horn blasen können oder die Drehorgel drehen, so viel sie wollen, auf den Straßen spielen können. Auch wird die Ruhe oft bedenklich genug von älteren Frauenspersonen gestört, die Fische verkaufen; »Hol He-äringk, Be-artsch, He-örnfisch« usw. wird den lieben langen Tag im Duett geschrieen. Das Spülwasser und anderer Abfall wird oft in die Rinnsteine gegossen; aber die Stadt hat doch eine gute Reinigungsanstalt mit vielen Pferden und großen Wagen. Greifswald erhält seine Wasserleitung durch artesische Brunnen, die eine Viertelmeile vor der Stadtgrenze liegen.

Fredrik Åkerblom, 1892

Und wenn auch mancher neue Ankömmling über ein den Besitz von Hühneraugen besonders empfindlich zu Gemüte führendes Straßenpflaster, auf dem das Gras üppig wucherte, gestöhnt oder geflucht hat, wenn er über die Reihen der einstöckigen Häuschen in der Bahnhofstraße auch gelächelt haben mag, bald fühlte er sich doch in dir heimisch, und gar mancher Bruder Studio, der vielleicht nur der Neugierde halber dich aufgesucht hatte, ist dir sein ganzes Studium, ja darüber hinaus treu geblieben ...

Otto Walter, 1894

Greifswald hat seit 1888 eine Wasserleitung und Wasser von vorzüglicher Beschaffenheit. Ich weiß die Zeit noch, da in Greifswald die Regentonne eine große Rolle spielte, weil das Brunnenwasser zur Wäsche nicht zu gebrauchen war. Diesem Notstande ist abgeholfen. Von der Diedrichshägener Höhe her kommt ein Wasser, mit dem sich nicht nur waschen, sondern auch Gemüse weich kochen lässt... Da nun auch die Bierverhältnisse Greifswalds... sich gegen früher ungemein verbessert haben, so könnte man Greifswald in sanitärer Beziehung wohl als eine Musterstadt bezeichnen, wenn nicht – nun, es muß heraus – wenn nicht der Stadtgraben da wäre. Er sieht nicht gut aus. Doch das wäre das Schlimmste nicht, denn die Augen kann man wohl zu machen, aber nicht die Nase...

Johannes Trojan, 1895

Noch um die Wende des Jahrhunderts mußte man dort auf manche Ansprüche einer fortgeschrittenen Lebensführung verzichten. Das war die Zeit, wo ein angesehener Pfahlbürger öffentlich in der Zeitung verkündet hatte, er werde in der Neujahrsnacht, nur mit einem Hemde bekleidet, gewissermaßen wie ein Racheengel den Markt umschreiten, falls es zum vorgesehenen Bau der Kanalisation wirklich kommen sollte. Wer an Wintertagen durch die Straßen ging, tat gut, den Mund wohl verschlossen zu halten, wenn das Eis der Straßenrinnen mit Äxten aufgeschlagen wurde. Schon die bunte Färbung der herumfliegenden Eisstücke zeigte, daß unliebsame Erzeugnisse häuslicher Familientätigkeit mit eingefroren waren. Das Pflaster war holprig, Spazierengehen namentlich im Frühling und Herbst nicht unbedingt angenehm infolge der intensiven Düngung der Felder, von denen die Stadt umgeben war. Wo es nicht nach Landwirtschaft roch, roch es nach Teer oder Heringsräucherei. Im November und Dezember traten dicke Nebel auf. Schön waren eigentlich nur die Sommermonate und einzelne Tage im September und Oktober mit wunderbarer Klarheit der Luft und unbeschreiblichen Farben; dann konnten Wald und Heide und vor allem das Meer sich vereinen zu einem Bild wahrer Herrlichkeit.

Ludwig Radermacher, 1903

Für einen neugebackenen Ordinarius präsentierte sich Greifswald, in akademischen Kreisen auch »Grips« genannt, als ein reizendes Nest, das er idyllisch, gemütlich und in allen Dingen wunderschön zu finden entschlossen war. Gras wuchs üppig zwischen den Pflastersteinen in stillen Straßen, ab und zu sah man ein ländliches Fuhrwerk müde vor einem Kaufladen warten. Kein Tempo, kein Hasten. Alles kannte sich, jeder sprach über jeden.

Walter Stoeckel, 1907

Am Sonnabend aber vermochte man die Stadt gar nicht wieder zu erkennen. Da zogen sie zu Markt von allen Dörfern, kleine Leute zu Fuß oder mit irgend möglichen Vehikeln – Autos gab's noch nicht! –, die Gutsbesitzer auf ihren mit glänzenden, kraftstrotzenden Gäulen bespannten Jagdwagen. Das wimmelte in den Straßen, das bot an, feilschte, kaufte. Nachher saß man bei Bier und Richtenberger Korn in den gefüllten, rauchgeschwängerten, einfachen Gaststuben und »klöhnte«, der »Herr Dokting« mitten dazwischen, die Gutsherren fanden sich im »Deutschen Haus«, dem »Preußischen Hof« oder im »Hotel du Nord« oder in der Weinstube am Markt. Die von Wetter und Wind gegerbten Gesichter röteten sich unter dem Wein, der an und für sich etwas überhebliche Ton, und man sprach auch hier nur plattdeutsch, wurde noch lauter, die Taler klirrten. Der Student, der Beziehungen zu den umliegenden Gütern besaß – und sie zu erlangen fiel nicht schwer –, war gern gesehener Gast. Denn ein Wort stand auf jeder pommerschen Stirn sichtbar und groß geschrieben, das Wort »Gastfreundschaft«.

Theodor Malade, 1910

... während es in den Gassen ringsum behäbig nach Abendbrot roch, nach Spickaal, nach Bratkartoffel und Fisch, nach Speck und Kleiebrot, nach Buchweizengrütze und Klüttegrütt, nach bürgerlicher Bescheidung.

Wolfgang Koeppen (1976)

Wir spürten seine Nähe* bereits am Fischgeruch in dem alten Autobus, der die Fischfrauen mit ihren Körben nach Greifswald hinein- und herausbrachte. Selbst die Hühnereier schmeckten oft nach Fisch. Man aß gern »Aal grün« mit den Kollegen und ihren Frauen im Fischerdörfchen Gristow...

* [des Boddens]

Sabine Leibholz-Bonhoeffer, 1926

Ganz verschwunden ist eine Feierlichkeit, die ich anderwärts nie erlebt, auch nie von ihr gehört habe. Wenn ein angesehener Bürger oder Bürgerin der Stadt Greifswald gestorben und begraben worden war, so wurde abends um 9 Uhr vom Turme der Nikolaikirche geblasen. Der alte Kreutzfeldt schickte dann seine Zinkenisten und Posaunisten auf den Umgang des Turmes und diese bliesen nach allen vier Seiten von oben herab über die Stadt hin je einen Vers eines Chorals, so, wie es jetzt zu den großen kirchlichen Festen auch noch Sitte ist. Es war der letzte Gruß.

Hugo Schulz, 1926

Kinder und Namenlose

Wie man von Ancolam in die Stadt ziehet, da stehet ein kleines Kirchlein auf einem Berge für der Stadt, darinnen sich diese denckwürdige Historien zugetragen hat: In dieser Kirchen siehet man im Dache ein Loch hindurch, welches, weil man es schon vielmahl versucht, nicht zudecken kan, durch welches Loch der Teufel einen gottlosen Menschen soll hindurch und hinaus geführet haben und seinen Braten geholet haben. Waß dieß für ein gottloser Mensch ist gewesen, daran Gott ein solch schreckliches Exempel statuiret, kan man wohl erachten, daß er ein vermessener, gottloser Mensch, der Gott und sein Wort verachtet und dem bösen Feind sich gäntzlich ergeben haben muß. An den Mauern neben dem Dache werden auch noch die Krällen gesehen, die er zum Gedächtniß hinter ihnen verlassen, die er gerizzet haben soll, als er ihn hinweggeführet. Behüte Gott für solcher Auffahrth!

Michael Franck, 1570

Zu Greifswald in Pommern stund in einer Kirche St. Niclasen Bild. Eines Nachts brach ein Dieb ein, wollte den Gotteskasten berauben u. rief den Heiligen an: »O heiliger Niclaus, ist das Geld mein oder dein? Komm, lass uns wettlaufen darum, wer zuerst zum Gotteskasten kommt, soll gewonnen haben«. Hub damit zu laufen an, aber das Bild lief auch und überlief den Dieb zum drittenmal; der antwortete und sprach: »Mein heiliger Nicolaus, du hasts redlich gewonnen, aber das Geld ist dir doch nichts nutz, bist von Holz und bedarfst keines; ich wills nehmen und guten Muth dabei haben.« – Bald darauf geschah, daß dieser Räuber starb und begraben wurde, da kamen die Teufel aus der Hölle, holten den Leib aus dem Grab, warfen ihn bei den beraubten Gotteskasten und hängten ihn zuletzt vor der Stadt an eine Windmühle auf. Diese Windmühle soll nachher immer links umgelaufen seyn.

Brüder Grimm, 1816

Ich sahe daselbst eines tags ein Wunderlich Stück von einem Quacksalber, welcher mit Blossem Bauch auff einem Pferde sitzend, wie auch Blossem Bauch auff dem Marckt verkauffte ein Pulver für Gifft etc. Dieses Pulvers Tugend nun für jederman zu probieren, nam er ein gewisses gifft zu sich, wovon Ihm im huy alssbald der Bauch so sehr geschwoll, dass er mit 2. höltzernen löffel darauff spielte, wie auff einer Trommel. Wie er nun eine Zeitlang diese auffblehung allem Volck, nicht ohne verwunderung gezeiget, namb er ein Papierlein seines Pulvers in einem Wasser zu sich, wovon der geschwulst dess Bauchs allgemählich in gahr kurtzer Zeit sich wiedervmb setzte.

Otto Sperling, 1617

Die Menadiesche Promotionsgeschichte*, welche man anderwärts schon bis zum Ekel gerügt gelesen hat, hätte man hier am wenigsten erwartet... Einmal ist es ein einzelner Fall, der nicht durch die mehrere Zahl vergrößert werden durfte, und dann fällt auch das auffallende weg, wenn man den ganzen Vorgang kennt. Wenn der Mann ehedem das Schusterhandwerk erlernet hat, so thut solches nichts zur Sache, da mancher gründliche Gelehrte vorher zum Handwerk erzogen gewesen ist und es dennoch nachher durch Fleiß und guten Kopf in Wissenschaften weit gebracht hat. Der Zeit übte Er, so viel man weiß, das Handwerk nicht einmal, sondern gab sich mit Curieren und dem Verkaufe einer von ihm bereiteten Arzney ab, die noch heutigen Tages vielerwärts Liebhaber findet und frey verkaufet wird...

* Am 6. August 1774 wurde Johann Peter Menadie in der Medizinischen Fakultät zum Dr. med. promoviert. Am 18. Oktober wurde dies von der Fakultät rückgängig gemacht. (Baldinger: Medizinisches Journal. Stück 8. Göttingen 1786: Der in Doctores Medicinae promovirte Johann Peter Menadie... daß derselbe ein Ungelehrter, und in der Arzneiwissenschaft unerfahrener, und ein Bürger und Schuster in Altona sey... folglich derselbe den Decanus unserer Facultät dadurch fälschlich hintergangen hat. und daher das ihm ertheilte Doctor Diplom, nicht anders als unrechtmäßigerweise erschlichen hat... Als welche unsere öffentliche Widerrufung gedachter Promotion Wir mit unserer Fakultät gewöhnlichen Insiegel hiemit bekräftigen. So geschehen Greifswald den 18 Octobr. 1774...)

Christian Ehrenfried von Weigel, 1787

Da hatten denn die Schweden in den letzten Jahren vor der Abtretung 1814–16 einerseits die Invaliden auf ihren Posten in der Provinz belassen, andererseits allerdings manche Gelegenheit, inzwischen Stellen in dem nächstens abzutretenden Lande mit Invaliden zu besetzen, die sie in Schweden nicht gebrauchen konnten. Besonders war dadurch die Universität Greifswald betroffen, zunächst freilich in ihren Unterbeamten. Sie hatte einen Musiklehrer, der taub, einen Tanzlehrer, der lahm und einen Reitlehrer, der von der Gicht so gekrümmt war, daß er auf keinem Pferde sitzen konnte, der Fechtlehrer hatte den Staar. Von ihrem Professorenpersonal stotterte der Lehrer der Beredtsamkeit... Wissenschaftliches Leben herrschte trotz alledem in dem Kollegium, ich habe viel in Greifswald gelernt.

Jodokus Donatus Hubertus Temme, 1883

Silhouetten von Paul Konewka,
fünfjährig, um 1845

Die zeitige Ankunft in Greifswald gestattete uns noch einen Spaziergang in und um die Stadt. Auf demselben entdeckten wir eine höchst ergötzliche und originelle Katzenfütterung. Die Methode, welche sich ein Spaßvogel ersonnen hatte, war in ihrer Ausführung zum Kranklachen. Da nämlich seinen jungen Katzen die Mutter fehlte, so hatte sich der Pfleger eben so viel neue Kreisellampen angeschafft und in jede einen neuen Docht gedreht. Statt des Öles goß er nun aber Milch in die wohlzuverschließenden Lampen. Die jungen Katzen sogen nun ganz tapfer an den Dochten, und, so lange noch reichlich Milch in den Lampen war, ging die Sache ganz gut und ruhig. Fing der Docht aber an trocken zu werden, so zerrten und zogen ihn die Katzen wohl 4–5 Zoll lang heraus und alle Sechse balgten sich mit ihren Lampen wie toll auf dem Hausflur herum...

Johann Friedrich Rossmäsler, 1837

In Greifswald lebte ein reicher Holländer, der katholisch war und sich hatte in die Studentenliste einschreiben lassen, um die Rechte eines Studenten zu haben. Um die Studien kümmerte er sich nicht. Er hatte einen eigenen Haushalt und einen eigenen Weinkeller. An seinem Geburtstage lud er alle Männer der katholischen Gemeinde ins Gasthaus zu einem Mahle, bei dem die Kapelle der Jäger die Tafelmusik machte...

Dieser Student war stadtbekannt. Er hatte seine Freude daran, die Post zu schikanieren, wo er konnte. Er schrieb z.B. an sich selbst, und wenn sie ihm bei der ersten Gelegenheit nicht gebracht wurden, beschwerte er sich. Die Post führte damals für die Postillione Mützen ein statt Hüte. Diese wurden aber noch getragen, so lange sie brauchbar waren. Auch darüber beschwerte er sich. Zur Entschädigung für diese Scherereien lud er alljährlich die Postboten zu einem Essen ins Gasthaus, aber nur die unteren.

Friedrich Husemann, 1877

[Paul Konewka] fing er an, aus Papier, allerhand auszuschneiden, Menschen und Tiere, als er erst wenige Jahre zählte... Schon diese ersten Arbeiten aus dem Jahr 1845* sind sehr merkwürdiger Art. Meist stellen sie Pferde dar, aus weißem oder blauem Papier geschnitten...**

Diese Figürchen sind allerliebst und anziehend außerdem auch in kulturhistorischer Hinsicht. Sie geben die Typen der Bewohnerschaft der alten pommerschen Universitäts- und Handelsstadt wieder: Damen und Herren in der damaligen Tracht, Studenten, Geistliche, Soldaten, Polizisten, Handwerksburschen, Seeleute und

Fischer, Wirte und Kellner, Bediente und Dienstmädchen und was sonst dort lebte und auf den Straßen zu sehen war... Wenn einmal ein Huhn oder eine Gans ihm nicht sogleich geriet, ging er hinaus, um sich ein Modell zu suchen, und ein solches zu finden, war zu seiner Zeit in Greifswald, das damals noch halb eine Landstadt war, nicht so schwer. Auf dem Greifswalder Wochenmarkt sah er sich fleißig um und machte in aller Stille seine Studien.

* Geboren 1840 in Greifswald.
** Eines der Pferde aus dem Jahre 1845 ist von ihm ausdrücklich bezeichnet als »plattdeutsches Bauernpferd«

Johannes Trojan, 1895

An einem schönen Maientage durcheilte Greifswald ein ähnliches Gerücht (Macbeth-Birnamwald). Die Fliederanlagen des Walls, für die der Verschönerungsverein so wohltätig gesorgt, begannen ihre festen Stätten zu verlassen und zogen schwankend und duftend an der ehemaligen Festungsmauer entlang. Hinterher aber pustete Grams (der Polizeidiener), der für dieses Wunder keinen rechten Sinn besaß. Und

Hofmusikanten, »Musikanten auf Onkel Heinrichs Hof« (d.i. Markt/ Ecke Schuhagen) Feder und Aquarell von C.D. Friedrich, 1801

zwei Tage später erhielten Willy Wobbe und ich von unserm Klassenlehrer abermals die gewohnten und beliebten Schacht. Mein Vater aber mußte außerdem für die botanische Schändung seinen Säckel öffnen...

An dem ersten Tage nach meinem vierten Geburtstag bezog ich die hohe Akademie der Knopfstraße. Die Knopfstraße aber stellte sich uns dar als eine etwas nach Teer und Fischen duftende, grob gepflasterte und mit den hübschen, spitzgiebligen Häuserreihen der schwedischen Zeit besetzte Geh- und Fahrgelegenheit der pommerschen Universitätsstadt Greifswald. Ich erschien, der Würde des Augenblicks angemessen, in einem weißen Leinenanzug, mit einem englischen Matrosenhut aus schwarzem Lack, und hinter mir her zog ich, an einem Band befestigt, die Schublade meines Kinderspieltisches, die ich den mich erwartenden Herren Straßenjungen halb als ein angenehm rumpelndes Gefährt und halb als geheimnisvollen Tresor einer besser situierten Familie vorzuführen gedachte... und tatsächlich konnte ich mich mit meinem ersten Eintritt unter die waffenfähige Jugend Greifswalds zufrieden erklären. »Örging ist dor«, erschallte es von allen Seiten. »Kiek, wat hei hedd!!«...Ja, ich wirkte wie das Mädchen aus der Fremde...

Georg Engel, 1923

Es war immer ein hübsches Bild, wenn Schlatters kleiner Sohn mit seinem Wägelchen vor dem Hörsaalgebäude auf den Vater wartete und dann die beiden miteinander heimstrebten, Schlatter mit seinen großen Schritten voraus, und der Kleine mit seinem Wägelchen an seiner Hand hinterdrein.

Adolf Schlatter (Carl Bornhäuser), 1888

In kleinen Nachbargärten spielen die pommerschen Kinder mit blauen Augen und fast farblosen Haaren, auf eine etwas langsame, unzugängliche Art.

Jean Pierre Rousselot, 1894

Professoren mit weitklingenden Namen

(Johann Friedrich Mayer) ... so ward ein neues Formular eines, auf damahligen feindlichen Einfall gerichteten, Kirchen-Gebeths von der hohen Landes-Obrigkeit angeordnet, und im Lande überall von denen Cantzeln abgelesen ... worinnen unter andern die harte Expression gebrauchet ward: Lege dem vermessenen Feinde einen Ring in die Nase, und ein Gebiß ins Maul, daß er mit Schimpf den Weg zurück kehre, den er hergekommen ist. Dieses Gebeths-Formular (2. Kön. 19,28) ward hier im Lande beständig, biß auf den Einfall der feindlichen Armeen Ao 1711. continuiret; Und obzwar der damahlige Gen. Superint. D. Friedrich Mayer, einige Tage vor dem Einfall der Feinde einen Synodum convocirte, und proponirte: ob man dieses Gebeth fernerhin beybehalten wolte? von dem Synodo aber einmüthiglich beschlossen ward, solches nicht abzulesen ... so kontinuirte er dennoch vor seine Persohn damit beständig, ohngeachtet die Moscowitische Troupen, und Ihro Czarische Maytt. selbst, im Lande, und auch hier in der Stadt, sich aufhielten. Wie aber Ihro Königl. Maytt. in Pohlen, und Ihro Zaarische Maytt. seine Predigten zu besuchen vorhabens war, und zu dem Ende durch den damahligen Bürgermeister und Burg-Grafen Cavan ihm angesinnen liessen, dieses Gebeth nicht abzulesen: So war er dennoch, ohngeachtet der damahlige in Moscowitischen Diensten stehende General-Major Buck, ein Mecklenburger von Geburth, umb ihm solches zu inhibiren abgefertiget ward*, nicht dahin zu disponiren, sondern qvitirte diesen Orth, und begab sich, umb mehrer Sicherheit, nach Stettin.

* (Balthasars Anmerkung):

Bey dieser conference bin/ (=Balthasar) als testis domesticus, wiewol nur als ein Knabe/ zugegen gewesen. Es geriethen beyde in einen hefftigen Worth-Wechsel/ und fielen unter andern die expressiones vor/ daß/ wie der General BUCK, im Nahmen Ihro Zaarischen Mayt./ nachdehm er in Güthe nichts effectuiren konte/ dem Seel. Mayern anbefehlen wolte/ das Gebeth zu unterlassen/ und dieser vorschüttete: daß er annoch unter Ihro Königl. Maytt. seines allergnädigsten Königs in Schweden Bothmäßigkeit und Pflicht stünde, also ohne dessen besondern Befehl das Gebeth nicht nachlassen könte, jener drohete: daß ihn solches in Verantwortung setzen, und die Czarische Maytt. ihn durch Zwangs-Mittel dazu anhalten würde. Worauf D. Mayerus versetzte: Das könten Ihro Czarische Maytt. als in deren Gewalt er wäre, thun, und möchten sie ihm seinen alten, grauen Kopf für die Füsse legen, er müste solches über sich ergehen lassen. Und/ wie bey diesen Worth-Wechsel der General den Seel. Gen. Sup. nur allezeit Herr Doctor titulirte: So ward dieser darüber unwillig und sagte: Er könne ihn wol bey seinen General Superintendenten Titul nennen, wozu sein gnädigster König ihn bestellt hätte; Er wäre sowol ein General über seine Prediger, als der Herr General über seine Soldaten. Worauf dieser anfing ihn seinen Collegen zu nennen/ welches den Gen. Sup. Mayern in solchen Unmuth setzte/ daß er kurtz umbkehrete/ und den General im Vor-Saal stehen ließ/ und die Thüre seiner Studier-Stube/ dahin er sich verfügete/ hart hinter sich zuwarff. Er verspührete aber/ von dem Moment an/ eine solche Alteration des Gemüths daß/ ... allerhand Zufälle sich bey ihm äusserten; er verfügte sich auch gleich darauff/ ohne die Cantzel ferner zu betreten/ nach erhaltenem Geleit von Ihro Czarischen und Polnischen Maytt. nach Stettin, woselbst er nach Verlauff von 4 Wochen i. J. 1712 den 30. Martii, an einem Schlag Fluss, in Beysein des Medici D. Luthers, mit welchen er vorher eine sehr erbauliche Unterredung »von dem glücklichen Zustande derer Seeligen im Himmel«, gehalten hatte, unvermuthet seelig verstorben.

Johann Friedrich Mayer, 1650–1712, kam 1701 aus »dem weltgepriesenen lieblichen Hamburg« als Professor Primarius und Pastor an St. Nikolai, Generalsuperintendent von Vorpommern und Rügen und Prokanzler der Universität nach Greifswald. Ein streitbarer Kämpfer gegen den Pietismus.

Augustin von Balthasar, 1740

(Ernst Moritz Arndt)
Unter diesen Adjunkten an der Greifswalder Akademie lernte ich einen kennen, der wirklich keine Vorteile gewinnen konnte, die er nicht verdient hätte, Moritz Arndt, Adjunkt in Geschichte. Arndt hatte schon als junger Mann ungewöhnliche Kenntnisse, vereinigt mit einem guten offenen und teilnehmenden Wesen. Im Alter von 30 Jahren war er Verfasser mehrerer Arbeiten, die alle Sachkenntnis aufwiesen, und hatte einen reichen Vorrat von Ideen und treffenden Bildern. Die Mannigfaltigkeit, die aus seinen Arbeiten hervorleuchtet, trägt den sicheren Stempel eines kritischen Verstandes, eines glücklichen Scharfsinns, Interesse an der Wahrheit und ihrer Ausbreitung, den Stempel einer auf diesen Interessen begründeten natürlichen Genügsamkeit, die ebensosehr den Leser befriedigt, wie sie eine Notwendigkeit für den Verfasser war. Bei einem Gelehrten sind auch diese Vorzüge so notwendig, daß ohne sie alle Art Kenntnis schnell genug eine Last für den wird, der gesammelt hat, und für andere mehr zur Verärgerung als zur Erbauung. Mit dem, der einmal zu viel Härte in seinem Urteil wie auch in seinem Ausdruck finden könnte, versöhnt er sich ohne erheuchelte Nachgiebigkeit durch den reinen unschuldigen Eifer und durch die

maßvollen Ansprüche, mit denen er hervortritt, um den Menschen zu prüfen und die Natur anzuschauen, die ihn umgibt, und deren höheres Bild er treu erfaßt und belebt zurückgibt.

Elias Grenander, 1808

Diese kleine unberühmte Universität Greifswald war eine der ältesten deutschen Lehranstalten und besaß so bedeutende Güter und Stiftungen, daß sie wenigstens etwas besser und berühmter hätte sein können als sie war... An dieser kleinen Universität war ich zehn Jahre befestigt, von welchen ich ungefähr die Hälfte auf Reisen und in Schweden zugebracht, die zweite Hälfte gelehrt habe. Als ich antrat, waren einige sehr würdige Alte da, und etwa ein halbes Dutzend Jüngere, die meistens erst zugleich mit mir begannen und von welchen einige berühmt geworden sind:

Christian Ehrenfried von Weigel. Porträt von Wilhelm Titel, 1831

Parow, Rudolphi, Rühs, Schildener, Muhrbeck. Dies brachte durch das junge Blut etwas Belebung und Erregung in den Greifswalder Schlaf. Es hat sein Mißliches mit solchen Mühlen der Gelehrsamkeit, welchen das Wasser, d. h. die Studenten, zu sehr fehlt... Noch gedenke ich jener Tage neben manchen traurigen Erinnerungen mit Lust.

Ernst Moritz Arndt, 1856

Bonn, 10. Herbstmonds 1856.
... antwortet der 86jährige Greis also: Er ist zugleich tief gerührt und erfreut über die Ehren und Freuden, die man ihm zugedacht hat, und besonders, daß es gerade das liebe Greifswald ist, wo er vor mehr als zwei Menschenaltern seine Lern- und Lehrjahre durchgemacht hat, die ihn zu einem hohen Stiftungsfeste einladet. Eine schönste Erinnerung der geliebten Heimath und aller heimathlichen Genossen und Freunde... Von hieraus fällt der letzte dritte Blick mit dem Sonnenschein des vollsten wärmsten Wunsches auf die geliebte Heimath Rügen und Pommern, auf die liebe Stadt Greifswald, und auf die ehrwürdige Hochschule Greifswald. Möge der Name Pommern als der Name der Tapferkeit, Redlichkeit und Treue ein unsterblicher bleiben! Möge in Greifswald nicht bloß Kunst und Wissenschaft fortgepflanzt und gepflegt werden, wie die vergangenen Jahrtausende des Menschengeschlechts sie uns überliefert haben, sondern in gleicher Maße die alte Treue und Tapferkeit des Volkes und die herrliche Lust an der Tugend und Kraft des Mannes, und an der Ehre des Königs und des Vaterlandes! Daß hier an dieser Hochschule an Deutschlands äußersten Grenzen das Schönste und Höchste unsers Geschlechts fort und fort durch die Zeiten wachse und blühe!

Ernst Moritz Arndt, 1856

(Thomas Thorild)
Das war just meine Lieblingsidee, in diesen Winkel kommen zu dürfen; um meiner lateinischen Spekulationen willen.*

* Cramer schreibt (Thorilds bref till Cramer, S.58): In ein entferntes Provinzchen wird er relegiert; Ihr schafft ihn zu einem getreuen Haushunde um; und er wird in Greifswalde an ein seidenes Bändchen gelegt.

Hier, wo die Druckfreiheit groß und der Anonyme frei ist. Und ich möchte noch nicht heimkommen.

Thomas Thorild, 1795

Professor Thorilds liebenswürdige Bemühungen verpflichteten mich und meinen

Reisekameraden sehr. Wir erfuhren viele Höflichkeiten in seinem Hause. Thorilds Wesen war einfach und einnehmend. Die Milderung, die die Umwälzungen der Zeit seinem exzentrischen Geist gegeben hatte, mag zweifellos für den sehr sichtbar gewesen sein, der mit ihm nähere Bekanntschaft gemacht hatte, während er in Schweden lebte. Sein Blick war scharf, und man muß zugeben, in vielen Fällen sicher. Er lebte in seinen Ideen, und es war oft eine siegreiche Kraft in seinem Ausdruck. Er hatte, was man in den verflossenen Jahren in Schweden nicht vermutet haben dürfte, nicht nur die Aufmerksamkeit, sondern auch viel Beifall bei Deutschlands angesehenen Gelehrten gefunden. Bei meinem Besuch bei Professor Schleiermacher in Halle wurde er von diesem verdienten Schriftsteller und Denker als ein Mann genannt, dessen philosophische Arbeiten sowohl Verstandeslicht als auch vollständige Einheit in den Schlußfolgerungen verrieten. Auch die Zeitschriften rezensierten ihn lobend. Bei der Frage nach der Herausgabe von Herders Werken wurde er unter die bekannten und berühmten Verfasser Deutschlands gestellt und dazu bestimmt, die

August Friedrich Barkow. Porträt
von Wilhelm Titel, 1831

philosophischen Arbeiten zu ordnen. Thorild war kein besonderer Freund irgend einer der neueren Philosophenschulen. Sowohl die kritischen Philosophen als auch die Idealisten sah er als Verwirrer des Menschengeschlechtes an und hoffte, daß seine eigene Archeometrie (eine philosophische Schrift von Th.) zu ihrer Zeit das allgemein herrschende System werden würde. Auch die eigentlichen Gelehrten waren nicht seine Klienten. Die Berichte über ihre Bemühungen und die Ergebnisse ihrer Forschungen, versicherte er, hätten zu einem höchst unbedeutenden Teil anderen Wert, als daß man ihre Werke benutzen und ansehen könne als hervorragende Denkmäler von Verirrung, Torheit und Eitelkeit. Jedoch ist er weder der erste noch der einzige gewesen, der sich in derartige Paradoxa verliebte. Gewöhnlich verfallen Selbstdenker, die Thorild darin voraufgegangen sind und gefolgt sind, wie Thorild selbst ins Extrem beim Herausstellen der eigenen besonderen Meinungen, so daß man oft nach einer gewissen Besinnung nach der ersten Überrumpelung sich bereit findet, ihm sogar die Glaubwürdigkeit abzusprechen, zu welcher uns die Überlegenheit seines Genies hatte hinlenken wollen. Aber Thorild konnte vor vielen anderen sicher sein, daß er in kommenden Zeiten seinen Platz zwischen Denkern und erleuchteten Häuptern behalten würde. Er war wunderlich auch in politischen Absichten. Wir haben seine Briefe an den Heiligen Vater in Rom und an mehrere Monarchen und andere Schriften, die das bezeugen. London nannte er die grobe, Paris die feine, Regensburg die wahre und echte politische Hauptstadt. (Regensburg war damals der reguläre Versammlungsplatz des deutschen Reichstages.) Alles dies mag gelten, was es kann, wie Thorild zu sagen pflegte; aber wenn ein Bibliothekar auf dieselbe Weise wie Thorild den Philosophen die Berechtigung verweigern will, sich mit Pädagogik zu befassen, dann könnte ja mit noch mehr Grund ein Philosoph einen Bibliothekar mißbilligen, der sich mit so wählerischem Anspruch mit Philosophie und Politik befaßt.

Elias Grenander, 1808

Die Stadt ist schön, gesund, aber in allem ein Gernegroß, die Akademie ist eine Klosterschule, unwissend und dünkelhaft...Am Abend vor dieser letzten Erkrankung begab er sich hinaus zu einem Spaziergang vor der Stadt mit einem jungen schwedischen Freund, dem späteren Professor Florello, damals Student und 11 Jahre später sein Schwiegersohn. Es war einer der schönsten September-Abende. Die Sonne neigte sich zum Untergang zwischen prächtig in den Farben wechselnden Wolken. Ähnliche Abende, die an das Schwinden des Sommers erinnern, verkünden zugleich, in doppeltem Sinn, einen neu heraufziehenden Frühling. Thorilds Augen hefteten sich unverwandt auf diese ahnungsvolle Naturschauspiel. Endlich, als die Sonne den

Saum des Horizontes berührte, warf er ihr ein paar Kußhände nach mit dem Ausruf: Lebewohl, schöne Sonne, lebewohl! Dies wurde ein Lebewohl für ewig an die Sonne. Am nächsten Tag schon lag er auf dem Sterbebett.
Nicht weit vor Greifswald sieht man am Wege eine kleine Kirche liegen, an deren Mauern die vergänglichen Teile Thorilds von des Lebens Essig und Galle ausruhen. Doch besuchte ich sein Grab nicht...

Per Daniel Amadeus Atterbom, 1817

Eines Tages ging ich in der Neustadt die Wolgasterstraße weiter bis zum Friedhof. Ich wollte sehen, ob sich nicht einige schwedische Grabmäler fänden... Auf mehreren Grabsteinen sah ich schwedische Familiennamen; aber was ich suchte, fand ich nicht,

Christian Friedrich Hornschuch (im Rektormantel). Porträt von Wilhelm Titel, 1836

ganz einfach, weil ich vergessen hatte, daß der Universitätsbibliothekar Torild in Neuenkirchen begraben liegt. Doch ging ich später dahin. Der Stein ist stattlich. Die Inschrift ist gespreizt, aber Torildisch. Dort steht: »O viva, viva Divinitas! meae animae anima! Tibi fui, Tibi sum. Thorild.«

Fredrik Åkerblom, 1892.

Ludwig Gotthard Kosegarten.

Der Rugard., 1. Lied.

...
Wer ist sie, die in Süden
am Saum der blauen Wasser,
im Glanz der Abendsonne,
die Zinnen ihrer Thürme
dem Nebelgedämmer entstreckt?

Bist du es nicht, Vertraute,
du meiner Jugend Führerinn?
du meiner Kräfte Weckerinn?
du meiner Freuden Pflegerinn?
Du bists! Du bists, gepries'nes Hyldathen!

Sey mir gesegnet,
sey mir gesungen,
sey mir mit Dank und mit Liebe gegrüßt!

Tochter der Hylde, du schnallest
das Schwert veredelnder Freiheit
mir um die Hüfte. Du flochtest
der Weisheit schattenden Ölzweig
mir um die Stirne. Du schenktest
den Becher der Freude mit lauterem Wein
hellperlend,
süßduftend
mir voll bis zum überströmenden Rand.

Tochter der Hylde, du führtest
manchen begabteren Menschen
in die Arme des fühlenden Jünglings.
Lauteren, offenen Sinnes
für das Wahre, das Schöne, das Gute,
lebten wir güldene Tage der Freundschaft,
güldene Tage der Freiheit und Freude
in deinem Schooß, vertrautes Hyldathen.

Sey mir gesegnet!
Sey mir gesungen!
Sey mir in feuriger Liebe gegrüßt!

Zurück in deine jauchzenden Mauern,
zurück in die Schatten der grünenden Gänge,
zurück in meiner Verlass'nen Kreise
sehnet sich wehmuthselig der Geist...

Zweierlei ist mir verhaßt
in deinen Gassen, o Greifswald:
Bettlergewinsel des Tags!
Hundegebelfer des Nachts!

Ludwig Gotthard (Theobul) Kosegarten, 1824

1809. Den 16. August.
Zum dritten Mal begingen wir gestern feierlich den Geburtstag Napoleons, ob mit mehr Liebe, wie die vorigen, läßt sich nicht entscheiden. Am Morgen paradirten die Meckl. Strelitzer, und feuerten drei Mal eine Generalsalve. Von Professor Kosegarten wurde eine Rede gehalten ...* Sie war sehr schlecht. Am Abend gab der hiesige Magistrat einen Ball, wo man ziemlich vergnügt war.

* Gotthard Theobul L. Kosegarten: Konzentrierter Überblick der bisherigen heroischen sowohl als legislatorischen Laufbahn des Kaisers und die derselben zu Grunde liegende leitende Idee. 1809. – Diese Rede wurde auf dem Wartburgfest verbrannt.

August Friedrich Barkow, 1809

Traf ich Rügens berühmten Sänger, den alten Kosegarten ... Ich fand eine etwas gealterte, aber hochgewachsene und priesterlich feierliche Gestalt, das lange dunkle Haar war über der Stirn gescheitelt um ein wohlgebildetes, tiefsinniges, melancholisches und fast farbloses Gesicht ... Seine Stimme und seine Aussprache haben etwas in ihrer Art durchaus Eigenes. Stelle dir eine Stimme vor, die sehr tief, hohl und unheimlich ist, und die, wenn er in Erregung gerät, eine erstaunliche Ähnlichkeit mit der Klage der Wellen gewinnt, wenn ein aufkommender Sturm sie gegen steilen Felsstrand wälzt ... Später erzählte mir jemand, daß die pommerschen Landpfarrer sich nicht bloß sämtlich in diese wunderbare Tonart verliebt hätten, sondern sich auch darin versuchten, sie nachzuahmen. Denke dir nun, welch schrecklicher Wogenschwall und Klageton alle Sonntage die christlichen Gemeinden in den pommerschen Kirchen erbaut ...

Per Daniel Amadeus Atterbom, 1817

Der seel. Professor und berühmte Dichter Dr. Kosegarten, den du auch gewiß noch kennst, hielt bei dem Magistrat an, ob er nicht könnte des Abends bis 11 oder 12 Uhr da (im neuen englischen Garten) herum Lustwandeln, um da Ideen zu sammeln, allein es wurde ihm abgeschlagen. Auch ist er mahl eingesperrt geworden. Ein mahl geht er begeistert da herum und Dichtet, nimmt mit einmahl eine Blume ohne sie abzubrechen und riecht daran. Mit einmahl donnert ihm da eine Baßstimme entgegen, nemlich von dem Überaufseher. Der alte Mann erschrickt und läßt die Blume wieder los. Dies und noch mehrere solche Stücke veranlaßten Ihn, Distichen von 2 Bogen drucken zu lassen. Sie sind vortrefflich, aber beißend satyrisch geschrieben.

M. O. Oeberg, 1821

Die Älteren unter den Einwohnern dieser Stadt erinnern sich noch gar wohl jener schlanken hageren Gestalt hohen Wuchses mit dem schmalen langgezogenen fast bleichen Angesicht und den edlen fein geschnittenen Zügen. Unter der hochgewölbten Stirn mit dem schlicht herunterfallenden schwarzen Haupthaar blitzten die geistvoll funkelnden dunklen Augen hervor. So pflegte der Dichter in einen weit herabfallenden weißen Mantel gehüllt, nach seinen eignen Worten »zu wandeln auf dem Linden umschlungenen Erdwall unserer Stadt, und lange schweigend zu sitzen, um in des Abendrothes heilige Flammen zu schauen«.

Alwill Baier (Enkel Kosegartens), 1864

Friedrich Ludwig Hünefeld.
Porträt von Wilhelm Titel, 1839

(August Hermann Cremer)
Brief von Cremer an Schlatter. 3. Juli 1896
Daß es bei uns gut geht, – uns d. h. Fakultät – wissen Sie: 320 Theologen, 6 Hörer aus Finnland und den baltischen Provinzen. Unter den 320 immatrikulierten Theologen sind nur 60 Pommern, also jedenfalls so wenig, wie kaum irgendwo...
Aus dem Nachruf von Schlatter auf August Hermann Cremer 1904. Als er 1870 seine westfälische Gemeinde, mit der er eng verwachsen war, gegen einen Lehrstuhl und die mit ihm verbundene Pfarrstelle in Greifswald vertauschte, hatte er einen Anfang, dessen Schwere denkwürdig ist. Er trat in eine verkümmerte Fakultät, in ein totes Städtchen, in eine kirchlich verödete Gegend, weit ab von den Mittelpunkten der

Karl Georg Christoph Beseler.
Porträt von Wilhelm Titel, 1846

wissenschaftlichen und kirchlichen Arbeit, gleich von Anfang an als ein verlästerter und gehaßter Mann. Als er seine Berufung erhalten hatte, brachte sie die Loge mit Hilfe des Kronprinzen wieder ins Schwanken. Als sie der König dennoch bestätigte, verweigerte ihm der Magistrat den Gehalt, und alle deutschen Fakultäten den Doktortitel, in der Hoffnung, das Fakultätsstatut, welches die Professur vom Besitz des Titels abhängig macht, lasse sich gegen ihn ausnutzen. Ruhig überwand Cremer diese Schwierigkeiten. Die Hauptsache war, daß von Jahr zu Jahr in zunehmender Zahl die Studenten kamen. Sie mußten, wenn sie aus West- oder Mitteldeutschland kamen, an einem halben Dutzend Universitäten vorbeifahren, ehe sie in Greifswald anlangten, zuletzt noch durch das lockende Beslin; aber sie kamen dennoch...

Adolf Schlatter, 1904

(August Bier)
Bis vor kurzem hatten wir wenigstens an vielen Orten eine leidlich harmonische Einheit in einer kleineren sozialen Vereinigung, in der deutschen Universität, wie ja ihr Name schon andeutet. Dort lebten und lehrten in stetem Verkehr miteinander Mediziner, Theologen, Philosophen, Naturwissenschaftler und Juristen. Ich habe nur eine Universität kennen gelernt, an der zwischen fast allen diesen Richtungen ein gewisser enger Zusammenhang bestand, oder wo man wenigstens, wenn man wollte, spielend leicht den Anschluß geistiger Güter erreichen konnte, das war Greifswald. Ich habe in den vier Jahren, die ich dort verlebte, eine Fülle von Anregungen bekommen, obwohl ich neue Gedanken dort kaum gefaßt habe... Sie wurden in Greifswald nur weiter ausgearbeitet. Das günstige Verhältnis lag sicherlich zum großen Teil an der Kleinheit der Stadt, in erster Linie aber an den Professoren. Dort gab es eine Menge wirklicher Originale, starke selbständige Persönlichkeiten, zu denen vor allem auch solche gehörten, die keinen Ruf an größere Universitäten erhalten hatten, sondern nach landläufiger Ansicht »sitzen geblieben« waren. Der »Logos«, der alle diese widerstrebenden Naturen zusammenhielt und zu einem harmonischen Ganzen vereinte, war der hohe Gemeinschaftsgeist, die Universität war dort alles.

August Bier, 1926

Anhang

Balthasar, Augustin von. 1701–1786 (s. auch im Personenregister)
Der Brook. – Mündungsregulierung im Wiecker Teilgebiet des Ryck. Zeichnungen in: Balthasar: Historie des Klosters Eldena und des Hafens Wyck. Greifswald 1756

Berlin, Gustav. Zwischen 1834 und 1887. Feldmesser, Zeichner von Landkarten in Greifswald
Geburtshaus von Caspar David Friedrich. Hinteransicht, vom Nikolaikirchplatz aus. Bleistift 1844 Karl Vötterle, Kassel

Engelbrecht, Martin. 1684–1756, Augsburg. Kupferstecher und Verleger
Koloriertes Gesamtbild von Greifswald. Einzelblatt, um 1750. Aufriß des Renaissance-Baues der Universität. – Durchschnitt durch das Hauptgebäude. – Grundriß des botanischen Gartens mit Orangerie. – Aufriß des Treibhauses im botanischen Garten. – Kupferstiche, 1754
Universitätsbibliothek Greifswald

Friedrich, Caspar David. 1774–1840, Kindheit in Greifswald. Maler der Romantik
Wiesen bei Greifswald. Öl, zwischen 1820 u. 1822. Kunsthalle, Hamburg
Selbstbildnis, Kreide, um 1810 (um 1820)? – Berlin, Kupferstichkabinett der Nationalgalerie. – Blick aus der Laube auf die Nikolaikirche. »In Bruder Adolfs Garten« 1818. Dresden, Staatl. Kupferstichkabinett. – Wiecker Strand bei Greifswald. Feder um 1815. Dresden, Staatl. Kupferstichkabinett. – Marktplatz von Greifswald mit Verwandten Friedrichs. Aquarell, um 1818. Greifswald, Museum der Stadt. – Greifswalder Hafen, Öl, um 1818/20. Berlin, Neue Nationalgalerie. – Greifswalder Hafen mit Steinbecker Brücke und Tor. Bleistift, 1815. Oslo, Nationalgalerie. – Fischer am Ufer mit Fanggeräten. »Flunder Zeise«, Wieck 1818. Oslo, Nationalgalerie. – Greifswald im Mondschein. Öl, um 1816. Oslo, Nationalgalerie. – Die Abtei Eldena. Aquarell, Feder, 1818. Kopenhagen, Kgl. Kupferstichkabinett. – Blick auf Greifswald von Osten. Feder, Aquarell, um 1818. Obbach b. Schweinfurt, Sammlung Georg Schäfer. – Die Abtei Eldena. Bleistift, Tusche, 1836. Dresden, Staatl. Kupferstichkabinett. – Ruine Eldena. Öl, um 1825. Berlin, Nationalgalerie. – Klosterruine Eldena bei Nacht. Sepia, 1801. Verbrannt 1944. – Hofmusikanten in Greifswald »auf Onkel Heinrichs Hof«, Feder, Aquarell. Verbleib unbekannt. – Bruder Heinrich. Holzschnitt nach Zeichnung von Caspar David Friedrich, geschnitten vom Bruder Christian? Hans Jürgen Kreutzfeldt, Bassum

Geissler, Robert. 1819–1893. Lithograph, Maler, Schriftsteller
Album von Greifswald, Erinnerungsblätter. Gez. und lithographiert. Greifswald 1869
Darin: Greifswald von Süden. – Hafen mit Saline. – Ruine Eldena. – Gaststätte im Elisenhain. – Nikolaikirche von Süden. – Universitätsgebäude mit Rubenowdenkmal. – Bibliothekssaal. – Neues Gymnasium am Wall. – Amtsgericht. – Steinbekkertor. – Bahnhof. – Marienkirche von Süden und Osten.

Giehr, Johann Martin. 1763–1848. Zeitweise Theatermaler in Stockholm. Greifswald. Als »Schmierkram« wurden seine Aquarelle in einem Kaufladen an Kinder verschenkt. Restlicher Besitz der Aquarelle im Museum der Stadt Greifswald.
Greifswald von Norden. – Giebelhaus am Markt. – Die Schenksche Apotheke. – Wohnhaus Ecke Mühlenstraße/Schuhagen. – Stadtmauer mit Altan des Konzertgartens am Schießwall. – Stadtmauer am Lindenwall mit Wiekhaus und Mauerpförtchen. – Steinbecker Tor.

Gladrow, Anton Heinrich. 1785–1855. Schüler von Quistorp (Greifswald) und Klengel (Dresden). Zeichenlehrer am Greifswalder Gymnasium seit 1815.
Album von Greifswald. Privatbesitz.
Darin: Greifswald von Norden. Aquarell o.J. – Ryckschleuse. Aquarell o.J. – Greifswald von der Ryckschanze aus. Sepia o.J. – Steinbecker Brücke, Bleiche, Reeperbahn, Schleuse. Farbige Zeichnung 1822. – Ruine Eldena vom Wasser aus, mit Zugang über die Felder. Aquarell 1828. – Eichen im Elisenhain. Aquarell o.J. – Englische Pforte (Wallpforte) mit den Häusern von Canzler und Hagenow in der Papenstraße (Martin-Luther-Str.). Aquarell 1835. – Fleischertor, Außenbefestigungen. Zeichnung kurz vor dem Abriß 1814. – Fettentor. Aquarell o.J. – Mühlentor. Entfernung der Schwalbennester mit

langen Stangen. Zeichnung 1814. – Schiffswerft am Brüggstraßentor, Blauer Turm, Fangelturm. Sepia 1823. – Am Ryck mit Observatorium (Fangelturm). Farbige Zeichnung o.J. – Neue Wallanlagen am Fleischertor (Innentor). Sepia 1832. – Das alte Gymnasium, Mühlenstraße. Aquarell o.J. – Brunnenhaus in Koitenhagen. Sepia 1812.

Grell, Albert. 1814–1891. Porträtmaler, Landschafter.
Album neuvorpommerscher und rügenscher Städte nach der Natur und auf Stein gez. Stralsund um 1840
Darin: Greifswald von Norden. Zeichnung, 1857.

Hagenow, Friedrich von. 1797–1865. Privatgelehrter mit Lehrauftrag an der Eldenaer Akademie
Grundriß von Greifswald mit Vorstädten. Entworfen von Hagenow, lithographiert von Hube. Greifswald 1834, Archiv der Stadt

Herre, Volkmar. Drei Farbphotographien aus der Ruine Eldena
In: Tosetti: Impressionen in Klosterruinen. Berlin 1978.

Heymans, Peter. Niederländischer Tapetmacher. Seit 1550 am pommerschen Herzogshof in Wolgast, später Stettin
Croyteppich, gewirkt und gestickt 1554 für Herzog Philipp I. von Pommern. Aus dem Nachlaß des ausgestorbenen Herzogshauses 1684 der Universität vermacht. – Universität Greifswald

Hube, Carl August. 1809–1893. Lithograph und Faktor an der Greifswalder Universitätsdruckerei. Später Zeichenlehrer am Gymnasium als Nachfolger von Gladrow
Greifswald von Norden. Rekonstruktionsversuch des mittelalterlichen Stadtbildes. Gemälde, 2. Hälfte 19. Jh. Greifswald, Museum der Stadt. – Beibilder zu Hagenows Grundriß der Stadt, 1834: Ryck mit Saline und Treckschuten. – Loge am Mühlentor. – Universitätsgebäude. – Nikolaikirche. Lithographien, 1834, Archiv der Stadt

Huldberg, Gustav. Greifswald.
Blick auf Eldena, Ruine, Mühle, vom Wasser aus. Aquarell, um 1798. – Ruine Eldena, Westfenster mit eingebauter Hütte. Lavierte Zeichnung, um 1798. – Beide: Greifswald, Museum der Stadt

Kämmerling, H. Greifswald. ?
Die Schenksche Apotheke. Aquarell 1851. Greifswald, Archiv der Stadt

Känel, A. von. Greifswald
Strukturkarte von Greifswald. Zeichnung in: Greifswald und seine Umgebung. Hrsg. von Bruno Benthien. Berlin 1968

Konewka, Paul. 1840–1871. Greifswald. Silhouettenschneider. Kinderarbeiten von 1845.
Sammlung Johannes Trojan. Verbleib?

Kreutzfeldt, Adolf. 1884–1970. Universitäts- u. Gymnasialzeichenlehrer in Greifswald seit 1910
Geburtshaus Caspar David Friedrichs. Federzeichnung um 1910. Vorderansicht. Es brannte 1901 ab. Hans Jürgen Kreutzfeldt, Bassum

Krüger, Franz Conrad. Lebensdaten unbekannt. Kupferstecher wie der Vater Johann Conrad
Bibliotheca Gryphiswaldensis. Titelkupfer in: Johann Carl Dähnert: Academiae Gryphiswaldensis Bibliotheca Catalogo auctorum et repertorio descripta. Berolini 1775–76

Lubin, Eilhard (Lübben). 1565–1621. Mathematiker und Topograph. Seit 1595 Professor für Dichtkunst und Theologie in Rostock
Kartographische Darstellung Pommerns i.A. der pommerschen Herzöge, 1616. Gesamtansicht von Greifswald. Kupferstich, 17. Jh. Abzug eines der 49 Rahmenbilder dieser »Lubinschen Karte«, die nur als Originalabzug von 1618 vorhanden ist. Greifswald, Museum der Stadt

Lütke, Ludwig Eduard. 1801–1850. Lithograph, Landschaftsmaler
Ansichten von Eldena in 6 Blättern. Nach der Natur und auf Stein gezeichnet. Greifswald um 1830. Univ.-Bibliothek
Darin: Wieck, von Eldena aus. – Der neue Wiecker Hafen. – Ruine, Westfenster. – Gaststätte Elisenhain. – Eldena, Wiese mit Reitern. – Eldena, Greifswalder Straße mit Pferdekutsche. – Akademiegebäude (Umschlagbild)

Lütke siehe auch *Carl August Menzel*

Mekelenborg, Joachim. Kunsttischler, Bildschnitzer
Intarsienarbeit an der Kanzel der Marienkirche, 1585–1588

Menzel, Carl August. 1794–1853. Kgl. Bauinspektor und Professor der Baukunst an der Akademie in Eldena. Seit 1832 Nachfolger von Quistorp als akademischer Baumeister in Greifswald
1) Erinnerungen an Eldena. Lithographien um 1836. Univ.-Bibliothek. – 2) Einzelblatt Greifswal-

der Hafen mit 12 Rahmenbildern. Gez. von Menzel, lithogr. von Lütke. Berlin um 1850. Greifswald, Museum der Stadt
zu 1) Greifswald von Osten. – Eldena, Hainstraße. – Ruine, 29. Juni 1836. (Ein Fest.) Der Hof (d.i. der Gutshof Eldena). – Greifswalder Straße. – zu 2) Marienkirchturm. – Jakobikirchturm. – Nikolaikirchturm. – Markt, West/Südseite. – Steinbecker Tor. – Mühlentor. – Schießwall mit Schützenfest. – Durchblick vom botanischen Garten zum Universitätshof. – Ryck mit Treckschuten und Saline (dies das Hauptbild)

Merian, Matthäus. 1593–1650. Kupferstecher, Verleger
Topographia Germaniae. Faks. Ausgabe von 1652, Kassel 1965. Bd. 16.
Darin: Befestigungswerk von Greifswald. Kupferstich. – Altes Universitätsgebäude (Ernestinum). Vergrößerung aus dem Stadtbild (nach der Festschrift zum Universitätsjubiläum 1956) von 1652

Möller, Henrich. Perlensticker.
Rektormantel der Universität Greifswald. 1619 gestickt im Auftrag Herzog Philipp Julius' von Pommern-Wolgast. (Siehe das Porträt Hornschuch bei Wilhelm Titel)

Peters, Bernhard. 1817–1866. Anklam. Landschaftsmaler, Stahlstecher
Ruine Eldena mit Kindern. Gezeichnet von Peters, gestochen von Witthöft. Stahlstich, Mitte 19. Jh.
Greifswald von Nordosten. Gezeichnet von Peters, gestochen von H. Winkles. Stahlstich 1847.
(beides in: Cornelius: Das malerische und romantische Deutschland. Bd. 7. 2. Aufl. 1847. Neudruck nach 1970.

Rohde, Carl. 1806–1873. Maler, Lithograph, Kassel
Bollwerk Wieck. Lithographie um 1870 Dresden: Rau (Einzelblatt)

Roßmäsler, Johann Friedrich. um 1775–1858. Leipzig. Kupferstecher
Preußen in landschaftlichen Darstellungen, nach eigenen Zeichnungen in Stahl gestochen. Berlin. Bd. 1, H. 8/9. 2. Aufl. 1840: Rügen, Pommern, Schlesien
Darin: (Ost) Marktplatz mit Pumpe, Strahlenpflaster. Um 1839. – (West) Marktplatz mit Schaustellern, Strahlenpflaster. Um 1839. – Universitätsgebäude mit Nikolaikirche. 1836. – Eldena, Ruine.

Schönleber, Gustav. 1851–1917. Landschafts-Architektur-Marinemaler. Radierer. Illustrator für Edmund Hoefer: Küstenfahrten an der Nord- und Ostsee. Stuttgart 1880
Darin: Alter Segelschiffhafen in Wieck

Spitzel, Gabriel. 1697–1760. Augsburg. Bildnismaler
Andreas Mayer. Porträt 1741. Greifswald, Universität

Swidde, Willem. Um 1660–1697. Amsterdam. Seit 1688 Kupferstecher in Stockholm
Gryphiswalda. Gesamtansicht von Norden. Kupferstich 1681. Greifswald, Museum d. Stadt. – Altes Universitätsgebäude. Vergrößerung aus dem Gesamtbild. (Nach der Festschrift zum Universitätsjubiläum von 1956)

Titel, Wilhelm. 1784–1862. Seit 1826 akademischer Zeichenlehrer in Greifswald. Nachfolger von Quistorp. Porträtmaler
Christian Ehrenfried von Weigel. Porträt 1831. – Christian Friedrich Hornschuch. 1836. – Karl Georg Christoph Beseler, 1846. – August Friedrich Barkow. 1831. – Friedrich Ludwig Hünefeld. 1839
Alle Porträts: Universität Greifswald

Winkles, Henry. Um 1790–1860. Englischer Architekturmaler, Stahlstecher. Unterhält in Leipzig ein Atelier für Stahlstecher
siehe Peters, Bernhard

Witthöft, Wilhelm. 1816–1874. Stralsund. Radierer, Kupferstecher, Stahlstecher
siehe Peters, Bernhard

Wobbe, Otto. 1868–1945. Greifswald, Schriftsteller, Redakteur
Klub-Erholung am Schuterhagen. Kohlezeichnung vor 1894

Woerishoffer, Carl Wilhelm. 1790–1848. Lithograph. Sohn des Greifswalder Salineninspektors. Steindruckerei in Hanau
Inneres der Nikolaikirche, Blick nach Osten. Kupferstich 1811/12, in: D. H. Biederstedt: Denkwürdigkeiten aus der Geschichte der Nikolaikirche zu Greifswald. Gr. 1812–1814. – Stadtmauer mit Resten des Steinbecker Tores. Zeichnung mit Unterschrift: Aus dem Garten des Saline Inspektors (d.i. Woerishoffers Vater) gez. aus der Camera Obscura 1841. Nachlaß Ludwig Rohde. Verbleib?

Abs, Otto: Wiedersehen mit Greifswald. (Die Medizinische. 1957, 14) Stuttgart 1957
Adler, Dr.: Wie das echte Jenaische Studentenleben nach Eldena bei Greifswald verpflanzt wurde. (Jenaische Blätter für Geschichte und Reform des deutschen Universitätswesens. 1.) Jena 1859
Ahlwardt, Christian Wilhelm: Brief an Stägemann (In: Briefe und Aktenstücke zur Geschichte Preußens unter Friedrich Wilhelm III. ...a.d. Nachlaß von F. A. von Stägemann. Hrsg. von Fr. Rühl. Leipzig 1900
Beschreibung des (Croy) Festes zur Erinnerung an die Herzogin Anna... (Greifswalder akademische Zeitschrift. 1.) Greifswald 1822
Åkerblom, Fredrik: Pommerska bref. Stockholm 1892
Andronikow, Wladimir Fürst: s. Wrangell, Margarethe von
Apelblad, Jonas: Rese-Beskrifning öfver Pommern och Brandenburg. Stockholm 1757
Arnd, Carl: Diarium der Preußischen Reise... darunter auch ich gewesen, nemblich Carolus Arndius, Anno 1694... (Baltische Studien. N.F. 9) Stettin 1905
Arndt, Ernst Moritz: E.M. Arndt, Ein Lebensbild in Briefen. Hrsg. von H. Meisner u. R. Geerds. Berlin 1898
Erinnerungen aus dem äußeren Leben. Hrsg. H. Rösch. Leipzig 1892
Schwedische Geschichten. Leipzig 1839
Arndt, Friedrich Carl: Aus Friedrich Arndts Papieren 1795–1815. (In: Ernst Moritz Arndt: Schriften für und an seine lieben Deutschen. Th. 1.) Leipzig 1845
Atterbom, Per Daniel: Minnen från Tyskland och Italien. 2. (Valda Skrifter. 6.) Stockholm 1929
Svenska Siare och skalder. (Samlade Skrifter i obunden stil. 3, 5.) 2. uppl. Örebro 1863
Ausflucht nach der Insel Rügen... 1797 s. Rellstab, Joh. Karl Friedr. [Verf.]
Baier, Alwill: Rektoratsrede vom 13.5.1864: Ludwig Gotthard Kosegarten. (Aus der Vergangenheit.) Berlin 1891
Balthasar, Augustin von: Historie des Klosters Eldena und des Hafens Wyck. (Pommersche Bibliothek. 5, 7.) Greifswald 1756
Historische Nachricht von denen akademischen Gebäuden und Häusern. Greifswald 1750
Historische Nachricht von denen Landesgesetzen im Hertzogthum Pommern. Greifswald 1740
Balthasar, Jacob Heinrich von: Vom Greifswaldischen Thurm-Fest. (Vermischte Sammlung von allerhand gelehrten... Sachen... auf das Jahr 1743. Stück 7.) Greifswald 1744
Barkow, August Friedrich: Tagebuch über den Französischen Krieg 1807–1809. (Pommersche Geschichtsdenkmäler. 6.) Greifswald 1889
Bartels, Heinrich Daniel: Beschreibung der Universität Greifswald als einer Sonnen der Pommerschen Städte. Frankfurt a.O. um 1700
Benedix, Axel s. Kriebel, Johann August
Berg, Otto: Unsere pommersche Musenstadt. (Pommern. Kunst, Geschichte, Volkstum. 7.) Hamburg 1969
Bergengruen, Werner: Dichtergehäuse. Aus den autobiographischen Aufzeichnungen. Zürich, München 1966
Bericht eines Reisenden aus dem Jahr 1791. (Greifswalder Zeitung 8/9. Okt. 1938)
Beseler, Georg: Erlebtes und Erstrebtes. Berlin 1884
Beumer, Friedrich Wilhelm Otto: Versuch einer medizinischen Topographie von Greifswald. Greifswald 1879
Beurmann, Eduard: Deutschland und die Deutschen. Altona 1838
Bier, August: Ein Brief in: Karl Vogeler: August Bier. Leben und Werk. 2. verb. Aufl. München/Berlin 1942
Biesner, Julius Heinrich: Abriß der Geschichte Pommerns und Rügens nebst angehängter Spezialgeschichte des Klosters Eldena. Stralsund 1834 (s.: Inventare... des Klosters Eldena)
Bismarck, Otto Fürst von: Ein Brief. (Gesammelte Werke. Bd. 14.) Berlin 1933
Bornhäuser, Karl: Schlatter in Greifswald (Ein Vater in Christo. Erinnerungen an Adolf Schlatter.) Berlin 1939
Brieger, Walter G.: Otto Sperlings Studienjahre s. Sperling, Otto: Erinnerungen
Bruchmüller, Wilhelm: Erinnerungen an Rügen und die Ostsee. Greifswald 1899

Bülow, Bernhard Fürst von: Denkwürdigkeiten. Bd. 4. Berlin 1931

Bülow, G. von: Wanderungen eines fahrenden Schülers durch Pommern... s. Franck, Michael

Carus, Carl Gustav: Lebenserinnerungen und Denkwürdigkeiten. T. 1. Leipzig 1865

Chamisso, Adalbert von: Leben und Briefe. Hrsg. von J.E. Hitzig. 4. Aufl. Berlin 1856

Untersuchungen eines Torfmoores bei Greifswald. (Archiv für Bergbau und Hüttenwesen. 8.) Breslau 1824

Cornelius, Wilhelm: Wanderungen an der Nord- und Ostsee. (Das malerische und romantische Deutschland. Bd. 7.) 2. Aufl. Leipzig 1847

Cramer, Daniel: Das große Pomrische Kirchen Chronicon. Alten Stettin 1628

siehe auch Remmelding, Antonius

Crantz, Albert: Wandalia oder Wendische Geschichte. Lübeck 1601

Cremer, August Hermann: Vom biblischen Wort zur theologischen Erkenntnis. H. Cremers Briefe an Adolf Schlatter u. Friedrich v. Bodelschwingh. (Beihefte zum Jahrbuch d. Vereins f. westfälische Kirchengeschichte. 1.) Bethel 1954

August Hermann Cremer Gedenkblätter. (Darin Nachruf von Adolf Schlatter.) Gütersloh 1904.

Dähnert, Johann Carl: Von dem neuen akademischen Gebäude in Greifswalde und den ersten Feierlichkeiten in demselben. (Pommersche Bibliothek. I, 5.) Greifswald 1750

Universitätsjubiläum 1756. (Pommersche Bibliothek. V, 10.) Greifswald 1756

Domnick, Ottomar: Hauptweg und Nebenwege. Hamburg 1977

Edling, Jochim: Schreiben vom 1. Februar 1648. (Jahresbericht d. Gesellschaft f. pommersche Geschichte. 3.) Stettin 1828

siehe auch Inventare des Klosters Eldena

Engel, Georg: Erlebtes und Erträumtes. Berlin 1923

Erinnerungen einer Greifswalderin an die Vierhundertjahrfeier 1856. (Auszug in Greifswalder Zeitung, 17. Juni 1906.) Greifswald 1906

Feldmann, Wilhelm s. Runge, Philipp Otto, und die Seinen. Leipzig 1943

Franck, Michael: Reisetagebuch... Hrsg. von G. v. Bülow. (Baltische Studien. 30.) Stettin 1880

Freundliche Gedanken über meine geliebte Vaterstadt Greifswald. (Sundine 1841, 17.) Stralsund 1841. Leicht veränd. Neudr. in: Heimatleiw un Muddersprak. 1927, 5.

Friedrich, Caspar David: Geschwisterbriefe. Hrsg. von Friedrich Wiegand. Greifswald 1924

Fuerst, Georg von: Herrn Georgen von Fürst, eines berühmten Cavaliers aus Schlesien, curieuse Reisen durch Europa. Sorau 1739

Geschichte des Landschullehrerseminars. Jena 1859

Glühmann, Heinrich: Bericht eines reisenden Sachsen über Mecklenburg, Pommern und Rügen. (Sundine 13, 24.) Stralsund 1839

Grantzow, Andreas: Inventarium von Eldena 1633 s. Inventare des Klosters Eldena

Grenander, Elias: Lagerstedt, N.G.W.: En svensk pedagogs studieresa år 1805. (Pedagogisk tidskrift. 49.) Uppsala 1913.

Grimm, Jakob und Wilhelm: Deutsche Sagen. Berlin 1816

Grubb, Nils: Självbiografi. (Äldre svenska biografier. 6. – Uppsala Universitets Årsskrift 1917.) Uppsala 1917.

Gustavs, Arnold: Die Insel Hiddensee. Rostock 1952.

Haeckermann, Adolf: Neuvorpommersche Dichtungen. Greifswald 1871.

Hagenow, Friedrich von: Pfahlbauten in Neuvorpommern. (Jahrbücher d. Vereins f. meklenburgische Geschiche und Alterthumskunde. 30.) Schwerin 1865

Hellpach, Willi: Greifswalder Erinnerungen und Glossen. (In und um Greifswald. Kalender für 1920.) Greifswald 1919

Wirken und Wirren. Lebenserinnerungen. 1. Hamburg 1948

Heuss, Theodor: Vorspiele des Lebens. Jugenderinnerungen, Tübingen 1953

Hoefer, Edmund: Küstenfahrten an der Nord- und Ostsee. Stuttgart 1880

Humboldt, Wilhelm von: Reisetagebuch aus den Jahren 1796/97. (Gesammelte Schriften. Abt. III. Tagebücher 1788–98.) Berlin 1916

Husemann, Friedrich: Aus meinem Leben, Erinnerungen aus zwei Menschenaltern. Emsdetten 1935

Hutten, Ulrich von: Epistolae obscurorum virorum. (Dunkelmännerbriefe) [Magister Philippus Schlauraff = Hutten.] Stuttgart 1876

Inventare des Klosters Eldena. 1633: Andreas Grantzow. 1648: Jochim Edling. 1672: Augustin Rhau. (In: Biesner: Abriß der Geschichte Pommerns... nebst angehängter Spezialgeschichte des Klosters Eldena. Stralsund 1834.)

Greifswalder Jubelfest. Aus einem Brief an den Herausgeber (Robert Prutz). Deutsches Museum 1856, 47. Leipzig 1856

Kanngießer, Peter Friedrich: Mittheilungen aus Greifswald und Pommern. Greifswald 1821

Kantzow, Thomas: Chronik von Pommern in niederdeutscher Mundart. Hrsg. durch Wilhelm Böhmer. Stettin 1835

Pomerania. Hrsg. von H.G.L. Kosegarten. 2. Greifswald 1817

Kiechel von Kiechelsberg, Samuel: Die Reisen des Samuel Kiechel. (Publikationen d. Literarischen Vereins Stuttgart, 86.) Stuttgart 1866

Klemptzen, Nicolaus: Vom Pommer-Lande und dessen Fürsten Geschlecht. Stralsund 1771

Kölpin, Bernhard Alexander: Von den Schicksalen des Arzneywesens in Pommern. (Gesterdings Pommersches Museum. 2.) Greifswald 1782/1784

Koenig, Alexander: Autobiographie. Bonn 1938

Koeppen, Wolfgang: Jugend. Frankfurt a. M. 1976

Koffler, Annemarie: Mit Verstand und Herz s. Pietschmann, Karl

Kosegarten, Johann Gottfried Ludwig: Geschichte der Universität Greifswald. Greifswald 1857

Kosegarten, Ludwig Gotthard (Theobul): Dichtungen. 5. Ausgabe. Bd. 7. Sprüche der Sträußermädchen. – Bd. 8. Gedicht: Der Rugard. – Greifswald 1824

Geschichte seines fünfzigsten Lebensjahres. Leipzig 1816

Kreutzfeldt, Hans Jürgen: Leben und Schaffen meines Vaters Adolf Kreutzfeldt, zu seinem 85. Geburtstage... Leer 1969

Kriebel, Johann August: Axel Benedix. Joh. Aug. Kriebel, weyland Präpositus in Wolgast. Ein seinem Tagebuche nacherzähltes Lebensbild. (Monatsblätter d. Ges. f. pomm. Geschichte... 1902, 6.) Stettin 1902

Kuessow, Michael: Ein Gutachten. Ungefährliche Bedenken, welcher Gestalt m. gn. junge Herrn zum Gripswalde möchten unterhalten werden. 1557. (Baltische Studien. N.F. 10.) Stettin 1906

Küttner, Karl Gottlob: Reise durch Deutschland, Dänemark, Schweden... i.d.J. 1797 und 1799. Leipzig 1801

Kugler, Franz: Pommersche Kunstgeschichte. (Baltische Studien. 8, 1.) Stettin 1840

Lagerstedt, N.G.W.: En svensk pedagogs studieresa år 1805 s. Grenander, Elias.

Leibholz-Bonhoeffer, Sabine: Vergangen, erlebt, überwunden. Schicksale der Familie Bonhoeffer. 2. Aufl. Wuppertal-Barmen 1968

Lietz, Hermann: Lebenserinnerungen. 4/5. Aufl. Weimar 1935

Loeffler, Friedrich: Das Lebenswerk und Charakterbild s. Uhlenhuth, Paul.

Löns, Hermann: Junglaub 1919, Ausg. Pyrmont 1935

Loewe, Karl: Selbstbiographie. Bearb. von C.H. Bitter. Berlin 1870

Malade, Theodor: Aus einer kleinen Universität. 4. Aufl. München, Berlin 1941

Martin, August: Werden und Wirken eines deutschen Frauenarztes. Lebenserinnerungen. Berlin 1924

Mayer, Friedrich: Reiseskizzen aus Deutschland, Dänemark und Schweden. Nürnberg 1835

Merian, Matthäus: Topographia Germaniae s. Zeiller, Martin

Muenter, Julius: Über den Hering der pommerschen Küsten und die an denselben sich anschließenden Industriezweige. Bonn 1863

Oberländer, Theodor: Ein Grußwort zum Jubiläum unserer alten alma mater. (In: Fünfhundert Jahre Universität Greifswald.) Hamburg 1956

Oeberg, M.O.: Brief an Johann Friedrich Castagne. Hrsg. von Fritz Castagne. (Pommern. Jg. 16, 3.) Hamburg 1978

Oelrichs, Johann Carl: Entwurf einer Pommerschen vermischten Bibliothek von Schriften zu den Alterthümern und zur Naturhistorie. Berlin 1771

Oeynhausen, Karl von: Bemerkungen auf einer mineralogischen Reise durch Vor- und Neu-Pommern. (Karstens Archiv f. Bergbau und Hüttenwesen. 14, 2.) Breslau, Berlin 1827

Paul, Johannes: Greifswald, Kulturbrücke zum Norden. (In: Fünfhundert Jahre Universität Greifswald.) Hamburg 1956

Peiper, Albrecht: Erinnerungen eines Kinderarztes. Berlin 1967

Petershagen, Rudolf: Gewissen in Aufruhr. Berlin 1957
Pietschmann, Karl: Mit Verstand und Herz. Aufzeichnungen des Malers Karl Pietschmann. Bearb. u. hrsg. von Annemarie Koffler. Schwerin 1954
Pomerania. Geschichte und Beschreibung des Pommerlandes. Stettin 1846
Pontin, Magnus af: Anteckningar öfver natur, konst och wetenskap, på en resa genom Berlin och Harz till naturforskande Sällskapets möte i Hamburg, år 1830. Stockholm 1831
Prillewitz, Jakob: Eingabe an den Rat der Stadt Greifswald, um 1685. (In: Hahn, J.C.: Geschichte der Stadt Greifswald.) Greifswald 1860
Quade, Gustav: Die Sturmfluth vom 12.–13. November 1872 an der deutschen Ostseeküste. Gedenkbuch. Wismar usw. 1872
Radermacher, Ludwig: Nachruf auf Otto Seeck. (In: Biographisches Jahrbuch für Altertumskunde. 46.) Leipzig 1926
Reise eines Gesunden in die Seebäder Swinemünde, Putbus und Doberan. Berlin 1823
Rellstab, Johann Karl Friedrich: Ausflucht nach der Insel Rügen durch Meklenburg und Pommern. Berlin 1797
Remmelding, Antonius: Tagebuch. (In: Daniel Cramer: Das große Pomrische Kirchen Chronicon. 3. Buch.) Alten Stettin 1628
Reuter, Fritz: Tagebuch einer Fußreise von Parchim nach Rügen im Jahre 1830. (Reuterkalender a.d. Jahr 1907.) Leipzig 1906
Rhau, Augustin: Amtsbuch (von Eldena) 1672 s. Inventare des Klosters Eldena
Rohde, Ludwig: Die Serenade von St. Spiritus. Greifswald 1951
Rossmäsler, W.H. (d.i. Johann Friedrich): Preußen in landschaftlichen Darstellungen, nach eigenen Zeichnungen in Stahl gestochen und herausgegeben. 1. Rügen, Pommern und Schlesien. 2. Aufl. Berlin 1837
Rousselot, Jean Pierre: Une Université allemande. (Bulletin de l'Institut catholique de Paris. 5. 6.) Paris 1894/95
Runge, Philipp Otto: Ph. O. Runge und die Seinen... Mit ungedruckten Briefen hrsg. von Wilhelm Feldmann. Leipzig 1943
Sastrow, Bartholomäus: Bartholomaei Sastrowen Herkommen, Geburt und Lauff eines gantzen Lebens... von ihm selbst beschriben. Hrsg. u. erl. von Gottl. Chr. Fr. Mohnike. 1–3. Greifswald 1823/24
Sauerbruch, Ferdinand: Das war mein Leben. 181.–190. Taus. Bad Wörishofen 1954
Das Universitätsjubiläum in Greifswald. (Deutsche medizinische Wochenschrift. 32, 2.) Leipzig 1906
Schinkel, Karl Friedrich: Lebenswerk. Band Pommern. Bearb. von Hans Vogel. München 1952
Schlatter, Adolf: Nachruf auf August Hermann Cremer. (A.H. Cremer, Gedenkblätter.) Gütersloh 1904
Schubel, Friedrich: Universität Greifswald. Frankfurt a.M. 1960
Schultze, Andreas: Inventarium der Kirche in Neuenkirchen bei Greifswald. (In: Paul Zunker: Das Kirchspiel Neuenkirchen bei Greifswald um die Zeit des Dreißigjährigen Krieges. – Pommersche Jahrbücher. 15.) Greifswald 1914
Schultze, Victor und Otto Schmitt: Wilhelm Titels Bildnisse Greifswalder Professoren. Greifswald 1931
Schulz, Hugo: Aus vergangenen Tagen. 3. verm. Aufl. Greifswald 1926
Schwartz, Albert Georg: Historischer Bericht vom Ursprung der Stadt Greyffswald zur feyerlichen Begehung des... 500jährigen Alters der Stadt. Greifswald 1733
Sperling, Otto: Erinnerungen. O. Sperlings Studienjahre. Hrsg. von Walter G. Brieger. Kopenhagen 1920
Spiecker, Max: Ollermann vertellt. Stolp 1927
Staberock, Richard: Greifswald, Tor zum Osten – Brükke zum Norden. (Unser Pommern. 3,2. 5,1.) Kiel 1965. 1967
Stein, Christian Gottfried Daniel: Reise nach Berlin, Rügen, den Hansestädten, Ostfriesland und Hannover. Leipzig 1827
Steinhausen, Georg: Selbstdarstellung. (In: Geschichtswissenschaft der Gegenwart in Selbstdarstellungen.) Leipzig 1925
Sternaux, Ludwig: Herbstfahrten an die Ostsee. Berlin 1918
Stoeckel, Walter: Erinnerungen eines Frauenarztes. München 1966
Takke, Lukas: Oratio de urbe Gryphiswaldia. (Auszüge der Rede von 1607 in Dähnert: Pommersche Bibliothek. II, 4. Greifswald 1753. – Übers. von

J.E. Metzner in: Jahresbericht d. Geogr. Gesellschaft zu Greifswald. 7. 1898/1900.) Greifswald 1900

Tegnér, Esaias: Brev. 7. Red. av Nils Palmborg. Malmö 1960

Temme, Jodokus Donatus Hubertus: Erinnerungen. Leipzig 1883

Thorild, Thomas: Bref till C.F. Cramer. Upsala 1907

Thurau, Gustav: Vom Studentenleben im alten Gryps. (Bilder aus Greifswalds Vergangenheit.) Greifswald 1917

Trojan, Johannes: Etwas von Greifswald. (Nationalzeitung 21.9.1895. Beiblatt.) Berlin 1895

Paul Konewka. Ein Erinnerungsblatt. (Velhagen und Klasings Monatshefte. 6, 2.) Bielefeld, Leipzig 1891

Uhlenhuth, Paul: Friedrich Loeffler. Das Lebenswerk und Charakterbild. Rede... 25.6.1932. (Zentralblatt f. Bakteriologie, Parasitologie... 1. Abt. Originale 125.) Jena 1932

Vogel, Hans s. Schinkel, Karl Friedrich

Vogeler, Karl: August Bier, Leben und Werk. 2. verb. Aufl. München, Berlin 1942

Wackenroder, Ernst Hinrich: Altes und neues Rügen. Stralsund 1730

Waldeyer-Hartz, Wilhelm von: Lebenserinnerungen. Bonn 1920

Wallenius, Jacob: Tal om academien i Greifswald, 8.7.1800. Greifswald 1800

Walter, Otto: Mein liebes altes Gryps! (Unser Pommerland. 6, 10.) Stettin 1921

Aus meiner Grypser Studentenzeit. (In: Pommernkalender 1924.) Greifswald 1923

Warneck, Johannes: Werfet eure Netze aus! Erinnerungen. Berlin 1939

Weigel, Christian Ehrenfried von: Über die Academie zu Greifswald, gegen Hrn. Cammerrath von Reichenbach. Stralsund 1787

Wrangell, Margarethe von, verehelichte Fürstin Andronikow: Margarethe von Wrangell, das Leben einer Frau aus Tagebüchern, Briefen und Erinnerungen dargestellt von Wladimir Fürst Andronikow. München 1936

Zeiller, Martin. Matthäus, Merian: Topographia Germaniae. Text v. Martin Zeiller. Frankfurt a.M. 1652. Faks. Ausg. 16. Kassel 1965

Zelter, Karl Friedrich: Briefwechsel zwischen Goethe und Zelter. Hrsg. von Max Hecker. 2. Leipzig 1915

Ziemssen, Theodor: Tagebuchblätter aus seiner Dozententätigkeit. Mitgeteilt von Erich Gülzow. (Archiv f. Sippenforschung. 18, 10/12.) Görlitz 1941

Zoellner, Johann Friedrich: Reise durch Pommern nach der Insel Rügen und einem Theile des Herzogthums Mecklenburg im Jahre 1795. Berlin 1797

Zunker, Paul: Das Kirchspiel Neuenkirchen bei Greifswald um die Zeit des Dreißigjährigen Krieges s. Schultze, Andreas.

Register

INHALT

Der Verlag dankt den Verlagen und Autoren für erteilte Abdruckgenehmigungen sowie der Hamburger Kunsthalle für die Freigabe des Gemäldes „Wiesen bei Greifswald" von Caspar David Friedrich.

Gesamtgestaltung Andreas Brylka, Hamburg

Hans Christians Verlag, Hamburg 36

Satz Otto Gutfreund & Sohn, Darmstadt
Lithos Gries KG, Ahrensburg
Druck Hans Christians Druckerei, Hamburg
Einband Klemme & Bleimund, Bielefeld
ISBN 3-7672-0692-7
Printed in Germany 1980